U0144961

1870年代

FORMOSA

# 紅毛探親記

# 福爾摩沙縱走探險行

陳政三◎著

五南圖書出版公司 印行

# 紅毛探親記——
## 1870年代福爾摩沙縱走探險行

目 錄

## Part 2: 提頭散步老台灣

# 自 序 意外之旅

陳政三

本書將1870年代縱走台灣西岸的探險家文章集結成冊，包括介紹史蒂瑞的〈意外之旅〉、〈中部內山行——埔里、日月潭見聞錄〉、〈眉溪歷險行〉、〈平埔村的新港文書——崗仔林紀行〉、〈約會在筏灣——射鹿、高燕探險行〉、〈史蒂瑞走訪台灣行程表〉6篇，原刊於2004年9月號《歷史月刊》第200期「美國博物學家史蒂瑞的台灣探險行」專輯；其他3篇〈日薄西山巴宰族——大社、內社紀行〉、〈北台行腳〉、〈澎湖踏浪行〉，分別登載在2005年《臺灣博物季刊》85（24：1）、86（24：2）、87（24：3）號上。翻譯的〈十九世紀原住民部落樣貌〉登於《歷史月刊》203期。

〈英商柯樂養病之旅——台灣南北走一回〉、〈甘為霖二訪泰雅（黥面）族——眉原・眉溪社探險行〉、〈布勒克台灣中部內山行〉3篇也以〈1870年代的台灣之旅〉為題的專輯方式，刊在2006年8月號《歷史月刊》第223期。至於〈英國外交官阿赫伯的畢業旅行〉，則是以〈英國外交官亞倫的畢業旅行〉為題，登在2005年2月號《歷史月刊》205期。

所以，全書章節都曾發表過，且絕大部分登在《歷史月刊》。這都是該刊社長兼總編輯東年的錯愛、提攜。記得出版了Edward House的譯註本《征臺紀事——武士刀下的牡丹花》（台北：原民文化，2003），照例到處上廣播電台「打書」、向認識或不認識者軟銷、硬銷小勞作之後，因緣聚會、誤打誤撞，到老同學邱慶鐘的公司打工。某天週六，突然接到不認識的東年來電，曾是愛好文藝作品、慘綠少年的我，當然知道鼎鼎大名的他，只是不知道為何找上我？他說，看過我的作品，覺得不錯，問我有沒有其他待發表之作？回說，正研究史蒂瑞來台探險、蒐集博物的故事。他鼓勵趕快譯寫出來。原不以為意，沒想到三不五時接獲來電，關心進度。這可是很大的壓力啊！只好硬著頭皮，一方面打工，賺點不至於讓自己餓死的工資，深夜趕稿，應付應付東年的盯人。過約兩個月，有天，他突然問說，是否可以登在即將出版的9月號？老天哪，居然來真的，而且是大篇幅專輯登載！只好沒眠沒日，終於交稿。距離第一次聯絡，才約3個月不到。真的是，逼稿成章。從《歷史月刊》忠實讀者變成了作者，實在像作夢。

後來認識一些研究台灣的朋友，譬如翁佳音、陳秋坤，都是東年的引介。佳音兄更成了無所不談的好朋友，也是筆者找不出答案、解惑的百寶箱。本書就有多處和他抬槓後，略作修正。東年不只對筆者如此，對一些尚未具知名度的年輕學者，也提攜再三。常自覺，假使筆者原只是十里馬，沒有半途逃離這塊研究台灣的領域，東年大哥識人之明、伯樂之功，是關鍵。台灣書房出版了《泡茶走西仔反：清法戰爭台灣外記》，就是五南文化董事長楊榮川先生有次看到筆者在《歷史月刊》的塗鴉，囑秘書海底撈針聯繫的結果；接著，陸續有包括本書在內的多本合作。感謝楊老董、楊士清總經理的支持，也向蘇美嬌領銜的編輯群說聲，辛苦了。另外，名漫畫家好友杜福安對筆者的素描，讓本書與本人生色不少。而，整個過程，就像史蒂瑞來台灣一樣，純屬萬般意外的「意外之旅」。

本書雖是集結舊作，不過修訂再三，從發表第一篇文章迄今8年多的持續研究，不斷再回頭修訂筆誤、誤植之處，另新增資料，算是嚴於律己、略有長進的過程與交代。4年多前重入睽別近13年的公務生涯，再為七斗米折腰，主要用意在返鄉照顧八旬老母，去年出版《美國油匠在台灣：1877—78年苗栗出磺坑採油紀行》（台北：台灣書房，2012），承親朋好友、同事、讀者到幫贊，銷售還算不惡，行有餘力之餘，乃將第一年的版稅捐給了慈善機構。感謝大家的愛心與捧場。

希望這本小勞作能繼續這樣的「寫作行小善」，而假使有嫌棄，或也可以買幾本還算可讀的好書，作伙來行善。

# 導讀 1870年代台灣之旅

台灣島早期位處航海必經之路，因此來了許多「外來客」（foreigners），有日本倭寇、大明及清國海盜、移民，還有西方「洋」盜客串演出；目前原住民的祖先比前述外來客早先來台，據考古人類學的研究，應該還有更早的「原」原住民的存在。

▲花蓮地區原住民和漂流上岸洋人生下的混血後裔（《台灣史料集成》）

這些人種在台灣留下或深或淺的刻痕，溶成台灣稍有別於他地的「再生」文化。人種也有混血的情形，台南附近迄今仍有「紅毛種」，筆者住台南的同學就是頂著一頭「紅金」頭毛，不用染髮就很時髦。士林附近也有17世紀初期，部分日本浪人留在當地生根的傳說。筆者曾走訪俗稱「荷蘭城」的基隆太白里光華古砲台一帶，當地人說附近有許多西班牙及荷蘭後裔，這使人想起1626-42年西班牙統治北台期間，Esquivel神父記載未婚平埔女喜和西班牙士兵同居或結婚，更有「拋夫棄子」投向amigo懷抱的故事。

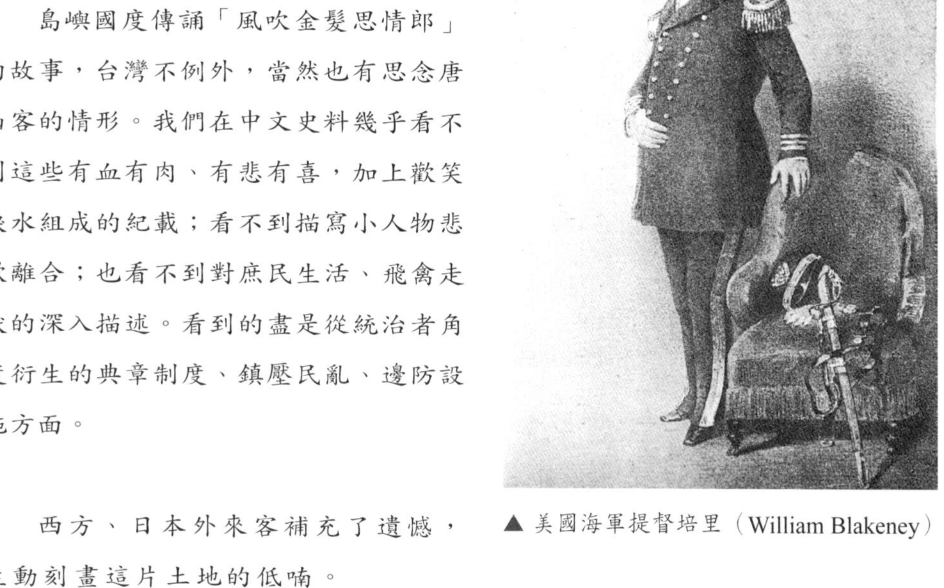

▲ 美國海軍提督培里（William Blakeney）

島嶼國度傳誦「風吹金髮思情郎」的故事，台灣不例外，當然也有思念唐山客的情形。我們在中文史料幾乎看不到這些有血有肉、有悲有喜，加上歡笑淚水組成的紀載；看不到描寫小人物悲歡離合；也看不到對庶民生活、飛禽走獸的深入描述。看到的盡是從統治者角度衍生的典章制度、鎮壓民亂、邊防設施方面。

西方、日本外來客補充了遺憾，生動刻畫這片土地的低喃。這是筆者為何一頭鑽入「外國人看台灣」研究的主因。1853、1854年，美國海軍提督培里（Commodore Matthew C. Perry）兩度率領「黑船」打開日本鎖國門戶，另派遣阿波特上校（Captain Joel Abbot）帶領馬其頓號（*Macedonian*）、補給號（*Supply*）於1854年7月11日

▲ 培里提督旗艦密西西比號遭遇颱風（Francis Hawks）

▲ 郇和（Ibis, 1908）

▲ 晚年必麒麟（Pioneering in Formosa）

至23日訪問雞籠地區，搜尋可能的外國船難漂民並繪製地圖。此舉帶來更多的探險家投入探勘神秘的福爾摩沙。1860年代，首位英（外）國駐台領事郇和（Robert Swinhoe, 1861.7-1866.5駐台）說他常被罵成「番」，蘇澳附近的猴猴平埔人安慰他：「我們都是漢人口中的『番』」；點出平埔族視西洋人為「紅毛親戚」（the red-haired relations）的情結；可是即便泰雅族把「台灣烏龍茶之父」德約翰（John Dodd）視為自己人，想招入贅，卻嚇得他連夜落跑下山。1630年荷蘭第一位牧師干治士（Georgius Candidius）提倡民族融合的「改流歸土」，鼓勵荷蘭人和平埔女結婚，他身體力行想娶新港女，卻遭「情敵」第三任長官納茲（Peter Nuyts）「奪愛」破壞，留下「人面不知何處去」的千古遺憾。1878年5月27日馬偕牧師變成「台灣女婿」，為了傳教理由迎娶五股坑的蔥仔（張聰明）。

1872年3月，美駐廈門領事李仙得（Charles W. Le Gendre）第三度會晤下排灣18社總頭目卓杞篤，同行有一名叫Lee Khong Tek（李功德？）的攝影師；後者可能也在1869年2月底隨李仙得第二度會晤卓杞篤，拍下令台灣官方十分頭疼的「不良少年」必麒麟（William Pickering, 1865-70年在台）右手持步槍、左胸斜掛手槍，頭戴蘇格蘭帽、下半身穿蘇格蘭裙，站在打穀機前的「屌樣」照片。1871年4-5月來南台的蘇格蘭裔攝影師湯姆生（John Thomson），留下40張左右攝影作品。1874年「牡丹社事件」修築億載金城的法國工程師帛爾陀（M. Berthault），就是一位業餘攝影師，迄今常看到的「沈葆楨側坐照」，即是由帛爾陀掌鏡。有紀錄的台灣最早漢人攝影師，則是1875年短暫出任新設恆春縣首任知縣的周有基；同年6月，大清海關英籍助理技師畢齊禮（M. Beazeley）到鵝鑾鼻踏勘燈塔建地，即由周陪同前往，畢氏提到「周知縣還有一項攝影專長，他出示拍攝的照片供我們觀賞」。這些記載有助補充「台灣攝影史」。

▲ 史蒂瑞（Formosa and Its Inhabitants）

1873年10月甘為霖牧師（William Campbell）面對賽德克獵頭族，卻只肯拿拐杖護身，還指責同行美國博物學家史蒂瑞（Joseph Steere）與英國外交官布勒克（T. L. Bullock），怎可拿槍對著「無辜的上帝子民？」令人動容。1874年1月，史蒂瑞用一把左輪手槍，向崗仔林（左鎮區崗林里）平埔頭目李順義至少換了29件新港文書—「當時的廢紙、現在的國寶」！史氏在台灣至少還採集到新種鳥類「藪鳥」（*Liocichla Steerii*）、58種蕨類、80種蛇類、數不清的海貝，以及數目不詳的原住民器物，目前大部分仍塵封在密西根安阿伯大學（University of Michigan in Ann Arbor）博物館。

英國「侏儒號」（*Dwarf*）巴克斯船長（Capt. B. Bax），曾於1871年12月初，向打狗港洋商借幾匹小馬（Chinese ponies），供軍官在海灘賽馬，還提到福州市洋商界有賽馬協會（race committee），經常舉行馬賽。1873年12月30日，史蒂瑞與幾位英商搭船離開淡水航向打狗（高雄），那些英商居然帶著馬匹（ponies）要轉赴廈門賽馬，「賽馬似乎是英國人生活必需品，只要有幾打

▲ 英國軍艦旗幟（William Blakeney）

英國人住的地方，必然有賽馬場。」牡丹社事件時，《紐約前鋒報》（*the N.Y. Herald*）隨軍記者豪士（Edward House）在《征臺紀事》提到恆春半島的漢人曾引進馬匹，但被土著抓去吃掉後，就不再飼養了；事件期間，日軍確曾攜帶馬匹進來，土著傳說西鄉從道的坐騎是黑色駿馬。

德約翰寫於清法戰爭期間（1884-85）的《北台封鎖記》，1885年4月2日提到在板球場（今淡水高爾夫球場）由2人分騎小馬（pony）及驢子（donkey），在長400碼的跑道賽馬-小馬爭氣，擊敗了驢子。如此，「台灣賽馬史」躍然紙上。

▲ 郇和命名的水鹿（陳政三攝）

郇和蒐集無數鳥獸，將他的名字與台灣動物緊緊相結合，還記錄清國官方在山區放養老虎，試圖「消滅」原住民的傳說，聽說後者不知是Sashimi或Bar-B-Q掉了老虎。黑鬍子馬偕豢養台灣土狗王子（Prince），經常伴隨牧師南北奔波，曾「忠犬護主」，救過馬偕免遭馘首下場。

現存美國國家檔案局的資料（W. M. Robinet to Peter Parker, H.K., March 2, 1857, USNA: MD, China, M-92, R-15）顯示，美商三家洋行支持的魯尼（Matthew Rooney），於1856年年底完成建設打狗港碼頭設備，還在入港處架設電線、照明燈光，以便夜間導引船隻出入，所豎立的電線桿白天升起美國國旗，晚間點燃燈光，遠比1885年劉銘傳在台北巡撫衙門前的樣板電燈早了近29年。不正確的歷史寫法，或應修正成：「全清國（也是中國5千年來）首座電燈於1856年年底在打狗港由美商設置；劉銘傳於1885年在台北城設立最早的官方電燈」。不過，打狗港的電燈大概也維持不久，1859年到該港走私鴉片、碰過還在當地打混的魯尼的伊夢號（*Eamont*）號三副安德生（Lindsay Anderson），就沒在1891年出版的回憶錄《鴉片快船巡航記》（*A Cruise in An Opium Clipper*）提過這款趣味代誌。

1877-78年，在苗栗出磺坑（今公館鄉開礦村）鑽探台灣、也是中國有史以來首處機器鑽油的美國大老粗絡克（Robert Locke），留下文字雖不通，卻長達一年的日記。他與同伴簡時（A. Port Karns）的中、英文名字，竟然無法在中外文台灣史冊找到，清國在鑽油計劃失敗後，所有檔案就此「消失」。筆者花了多年時間「通緝」這件開發案，「天公疼憨人」，使得幾乎掩埋的「台灣石油開發史」重現原貌（《出磺坑鑽油日記》，台北：歷史智庫，2005/ 中英文對照版《美國油匠在台灣》，台北：台灣書房，2012）。讓人高興的是，中研院近史所於1979年，向研究美國石油史長達半世紀的翰林大學（Hamline University）前校長P. Giddens購入絡克的日記原件，以及其他中英文原始資料（《中央研究院近代史研究所大事紀要》，台北：中研院近史所，1985，頁104-105）；遺憾的是，筆者與該所竟然都無法查出目前資料的下落！本案只好仍列入持續「通緝名單」。

林林種種，說明「外國人眼中的台灣」可以補充中文史料的不足，甚至有匡正作用。赴美、英、日、荷、西等國「研習台灣史」不是個笑話，許多國家典藏豐富的涉台史料。

或許因為夾在「官紳體系」與「尋常百姓」中間，外來客能以較客觀的角度來看台灣；1895年目睹台灣民主國興衰的達飛聲（James W. Davidson）不就留下迄今仍被公認為最好之一的台灣通史*The Island of Formosa, Past and Present*（1903）嗎？

# Part 1

# 美國博物學家史蒂瑞台灣探險行序列

# 史蒂瑞台灣探險行簡介

史蒂瑞（Joseph Beal Steere, 1842.2.9～1940.12.7）是美國密西根大學博物學教授。1868年獲得密大文學士（B.A.），1870年再取得法律學位（Bachelor of Laws）。1870～1875年連續5年不間斷地為密西根州立博物館（State Museum of Michigan）及密西根大學博物館（Natural History Museum of University of Michigan in Ann Arbor）蒐集巴西、厄瓜多爾、秘魯、台灣、清國大陸、菲律賓、印尼、馬來西亞等地的博物資料。1873年10月3日至1874年3月31日來台調查研究長達半年之久，先後走訪了日月潭的水社（邵族）、埔里的烏牛欄社（巴宰族）、眉溪的賽德克族東眼社、台中的大社和苗栗的內社（巴宰族）、台南崗仔林及屏東萬金庄的西拉雅平埔族，以及排灣族筏灣社群的射鹿社與高燕社等五個先住民族群；另到淡水、基隆、澎湖群島採集海貝、珊瑚、魚類等博物。

他活到99歲，在世時只發表過三篇有關台灣的文章，絕大部分涉及台灣的手稿Formosa and Its Inhabitants（《福爾摩莎及其住民》），直到近130年後才意外的被發現，而於2002年底才在台灣出版。他的手稿為後人留下百多年前台灣當時族群生活、相互關係、社會文化、交通狀況、土地分配等珍貴的資料；他也買下保存了29份珍貴的新港文書；他記錄正逐漸消失的五族語言，並與菲律賓各族語言相比較；他有悲天憫人的胸懷、生動且圖像化的描寫，每一個小故事、小遭遇，總能透露出深含的意義；他可能是短期來台研究者中，停留台灣最久者，他發現了台灣特有鳥種－藪鳥；採集了80種蛇類、58種蕨類。他一生馬不停蹄的在全世界到處探險、研究，長達70年之久。對他意外來台半年，並留下如此珍貴、詳實的史料，值得我們向他致敬，並說聲「謝謝」。

史蒂瑞於1875年結束長達5年的海外行程，同年獲榮譽博士，獲聘密西根大學助理教授兼博物館館長；1879年升教授（full professor），同年9月迎娶Helen Buzzard為妻。任教至1894年退休，期間曾帶領學生赴亞馬遜河（Amazon）流域、菲律賓調查。1901年曾再度前往亞馬遜流域蒐集博物。退休後定居密西根州Ann Arbor, 過著耕讀的恬靜生活。享年虛歲99。

# 史蒂瑞的意外之旅

▲ 史蒂瑞

西元1873年（同治十二年）10月初，年方31歲的博物研究員史蒂瑞（Joseph Beal Steere, 1842～1940），意外的抵達當時外國人稱為福爾摩沙（Formosa）的台灣島，展開為期半年的考察、探險之行，為後人留下鄒、巴宰、賽德克（原泰雅族賽德克亞族）、西拉雅、排灣等五族早期珍貴的資料。他在世時，雖曾陸續發表過三篇有關台灣的文章，但絕大部份涉及台灣的手稿*Formosa and Its Inhabitants*（《福爾摩莎及其住民》），直到近130年後才意外的被密西根大學發現、交由中研院李壬癸教授攜回台灣出版。

史蒂瑞是在1870～1875年間，在伯父及密西根州立博物館（State Museum of Michigan）的資助下，遠赴南美巴西、厄瓜多爾、秘魯，亞洲清國大陸及台灣、菲律賓、印尼、馬來西亞等地蒐集博物資料，於路過香港時，為了等待家書及與學校方面聯繫的方便，臨時決定撥出半年的時間，一探當時在外人眼中仍是神秘島嶼的台灣。

## 行前的準備

他是在結束秘魯研究工作，經72天的顛簸航行，於1873年8月抵香港；而於10月3日由廈門抵達淡水。這中間1個多月他到過廣州、汕頭、廈門，拜訪了當地美國領事、洋商，取得介紹信、地圖、相關資訊，當然，還申請到清國允許他來台的旅行證照。這段準備期間，他所接觸的人，其中有兩位頗引起筆者的注意。第一位是住在廣州的美國商人奈吉登（Gideon Nye, Jr.），他出生於麻州，1833年（道光十三年）21歲時，即到廣州打天下，與幾位兄弟合組「奈氏兄弟洋行」（Nye Brothers & Co.）從事鴉片、糖、茶的進出口生意。他們貿易觸手在1850年代，即涵蓋台灣。1855年（咸豐五年）6月，奈伊兄弟洋行與另兩家美商威廉士洋行（William, Anthon & Co.）、魯濱內洋行（W.M. Robinet & Co.）合作，與台灣道裕鐸簽訂祕約，取得了獨佔南台的貿易及使用打狗港（今

▲ 打狗旗後。美國國旗曾在打狗港飄揚年餘（M. Berthault）

高雄）的特權。相對的，美商必須提供砲船，對抗海盜的侵犯。自此，美國國旗在打狗海邊飄揚了年餘，當時猖獗的海賊望旗披靡，不敢對附近的海域稍有染指之意。這種「砲艇貿易」是早期的常態。

奈吉登的堂兄弟奈多馬（Thomas Nye）於1848年搭船航經台灣時船難失蹤，奈吉登展開營救，屢向美國政府當局要求派兵船、人員到台灣搜救。由於他的奔走，美國曾先後派四批軍艦來台，其中最有名的是打開日本鎖國政策的培理提督（Mathew Perry）於1854年派阿波特上校（Captain Joel Abbot）率二艦訪基隆；較不為人知的、但意義重大且頗突兀的是，1857年春，美國派水兵隊長辛茲（John D. Simms）以搜救失事船員為名，長駐打狗（高雄），美國國旗、軍旗在港埠飄揚，達7月餘。50年代，奈吉登鼓吹美國併吞或租借台灣不遺餘力，但美國因黑奴問題正陷入南北矛盾，無力也無心於此，故美商乃陸續退出台灣市場，而於1858年起，由英商接手。1857年至1863年，奈吉登當了近6年的美國駐澳門副領事，1888年（光緒十四年）卒於清國，足足在華55年，可謂是個中國兼台灣通。這也是為何他有辦法提供史蒂瑞許多台灣的資料，包括一幅古地圖。引人好奇的是：史蒂瑞選擇來台，而非留在大陸考察，是否受到吉頓之影響？這只是合理的懷疑，也恐怕是一個永遠無法解開的疑惑。

第二位值得一提的是美國駐廈門領事恒德森約瑟（Joseph J. Henderson），史蒂瑞拜訪他時，恒德森除了幫助取得赴台旅行證照，還半開玩笑的說：「萬一『生番』砍下你的頭，我一定派艘砲艇為你報仇，狠狠修理那些無賴！」恒德森留名台灣史是在1874年8月初，也就是在他碰到史蒂瑞10個月後，下令逮捕協助日本策劃攻打南台排灣族（史稱「牡丹社事件」，或「日本出兵台灣事件」）、也是他的前任領事李仙得將軍（General Charles W. Le Gendre），引起國際震動。

李仙得為南北戰爭北軍少將，作戰受傷、左眼失明，他的上司兼好友葛蘭特將軍（1869～77擔任第18任總統），遂推薦他為駐廈門領事兼管台灣事務。李氏在任期間（1866年6月派令，1867.1～1872.10正式就任），從1867年美船羅妹號（Rover）事件、1868年樟腦戰爭英船砲擊安平事件、歷年的教案、商務糾紛案，都看得到這位獨眼龍將軍活躍的身影。他繼吉頓．奈伊之後，鼓吹台灣內山、後山為無主之地，美國應予佔領。其強硬作法不見容於美國駐清公使鏤斐迪（F. F. Low），遂去職，轉投入日本陣營，推動出兵台灣行動；他的「東亞文明月彎」概念，深深影響二次大戰日本軍方的「大東亞共榮圈」主張。有人認為他是19世紀影響台灣前途走向最大、最深遠、最富爭議性的西方人士。史大個兒（史蒂瑞身高6呎4吋，約193公分）雖無緣見到李仙得本人，不過卻從廈門一位愛德華赤（E. John Edwards）手中借到李氏在台灣取得的照片；可惜史氏的手稿似乎未予引用，或許探險歸來已還人。幸好，法國外交官出身的歷史學家于雅樂（C. Imbault-Huart）於1893年出版《台灣島之歷史與地誌》（*L'ile Formose, Histoire et Description*），蒐集一位住廈門、也叫愛德華赤（Saint-Julien Edwards）所珍藏的多幅照片，使後人得能一窺老台灣面貌。

## 在淡水登陸

史蒂瑞打點好一切，雇了2名曾到過台灣，精通閩南語、略通洋涇濱英語（Pidgin）的僕人，於1873年10月2日傍晚登上海龍號（*Hailoong*），當晚由廈門直航淡水。號稱黑水溝的台灣海峽風浪不小，大個兒暈船、躺在底艙不醒人事；到了3號傍晚船抵淡水，好死不死，河口恰有艘擱淺的清國戎克船（junk），「一群搶匪正大肆劫掠，幾乎快把船拆散了。根據該國的海事法，失事的船舶、財貨，皆為擱淺海岸居民所有，任憑處置！」史蒂瑞大概聽了洋商的說法，而下此「不太正確」的結論。為何「不太正確」？自荷治以迄清領，台灣島民的確發揮「靠山吃山，靠海吃海」的精神，「乃船一擱淺，而居民動輒冒險撈拾，或將船毀折」（引自《澎湖廳志》）；「台灣沿海匪徒，凡遇商船遭風撞壞，即乘危急之時，強奪貨物，連船板亦悉拆去，並不救溺水之人，惡習最為可恨！」（嘉慶年間閩浙總督方維甸語）。官府三令五申，祭出重法，無奈守法不是台灣的傳統，甚至連駐守的士兵亦加入洗劫失事船隻的行列，所以才造成外界的誤會，但也因此引起國際糾紛。即便史蒂瑞搭乘的海龍號，後來也在1882年擱淺白沙屯（今桃園觀音鄉大潭），船貨遭劫一空。

史蒂瑞下了船，糟糕，這才發現兩位僕人居然沒跟來淡水！原來他們上船後，又應朋友邀請，下船吃餞行飯，多喝了幾杯，而誤了船期。這可打亂他原

▲ 淡水英國領事館所在地的紅毛城（Pickering）

本想從淡水徒步走到打狗的計畫，只好隔日續搭海龍號南下。可能是心情欠佳，加上船只停泊一晚，他對淡水輕描淡寫，略提已是英國領事館的紅毛城（the old Dutch fort），以及4日早上參觀寶順洋行（Dodd & Co., 淡水埤仔頭，今空軍氣象聯隊營區內）的製茶、裝箱過程。封好的茶箱貼妥包裝紙，「畫師隨即上畫，他們不僅僅描出紅、白兩色的漢字，也繪出茶農的工作及生活情形，其中更有生番出草、砍下茶農頭顱的畫面！」史蒂瑞認為經過火烘焙的茶葉散發出強烈的味道，想必已遭破壞，沖泡時味道必然變淡，好奇的買了烘焙過及未烘焙的兩種茶，回到船上請廚師沖泡，「喝完，實在分不出兩種茶的差異。」

此行未遇到馬偕（George L. MacKay），要到11月底再訪北部，兩人才相遇於五股坑。他可能也沒與「台灣烏龍茶之父」英商德約翰（John Dodd, 又譯稱陶德）碰面；不過一個多月後，德約翰邀請他參加聖誕宴會，史蒂瑞寫道：「德約翰邀請馬偕及一些當地洋人，我也沾光作陪。我們搭船逆流而上赴宴，碼頭與庭園亮滿華式燈籠。一進屋內，餐桌擺滿英國罐裝葡萄乾製成的布丁、用冰塊冷凍由香港運來的牛肉烹調成的烤牛肉、火雞等美食，穿著白衣袍、垂掛黑髮辮的僕人靜靜的環繞伺候，真是場賓至如歸的派對！」

德約翰對台灣的貢獻值得大書特書，他的到來揭開台灣經濟發展的契機。他是蘇格蘭人，1860年以顛地洋行（Dent & Co.）雇員的身份來台考察商機，1864年在淡水創寶順洋行；1866年引進安溪茶苗；次年首創機器化製茶、將精選的烏龍茶試銷澳門獲得成功，並成為怡和洋行（Jardine, Matheson & Co.）的代理商；1869年首創以兩艘帆船載運台產精選烏龍茶直銷紐約，因品質佳，倍受歡迎，遂引起其他洋行、台商競相投入，開啟北台的茶香歲月，大稻埕成了洋行、茶行集中地，台茶躍居外銷最大宗。

▲ 茶行（John Thomson）

▲ 揀茶女（James Davidson）

根據海關資料，1868至1894年間，茶、糖、樟腦的出口值分別為此時期台灣出口總值的54%，36%，與4%。同時期，茶佔北部出口值的90%，樟腦佔5%；而糖則佔南台總出口值的89%，可謂呈現「北茶、南糖」的現象。台茶大部分外銷美國，據1882~91年淡水海關報告書，台茶90%輸往美國，7%輸英國，3%輸往新加坡、馬來西亞一帶。

由上述的統計資料，可以看出德約翰對台灣的貢獻及影響。除了茶葉，兼為鴉片商、樟腦商，也曾代理過美國駐淡水副領事、荷蘭領事，替香港英文報《孖剌西報》（*Hongkong Daily Press*）撰寫報導，更是早期深入台灣內地的探險家、暴風雨中勇救失事船員的游泳健將，生活得多采多姿；因受傷跛腳、拄拐杖，綽號「三腳仔」，文獻紀載的名字另有力絨士、突得來、突來德、委員突。他離台日期有兩種說法：真理大學馬偕紀念資料館記載德約翰離台返英之前，於1889年2月18日贈一口*Quintin Leith*號沈船舊鐘給牛津學堂，上刻「1840, Quintin Leith」，此鐘現存台灣神學院，仍堪使用；根據陳宏文翻譯、已刊行的中文版《馬偕博士日記》（頁163），上載「德約翰於1890年2月18日致贈大鐘予牛津學堂，3月3日啟程離台返英」。他是否還曾來台，不得而知；惟寶順洋行仍續營業至1895年初；但1896年時，寶順已不在洋商名單中。

## 海龍號繼續向南航行

10月4日白天，史蒂瑞繼續搭船南下，海龍號避開沿岸沙洲，朝打狗港航行。這是個風平浪靜的日子，島內山脈清晰可見，過了橫躺於海峽中間的澎湖群島，於次日近傍晚時刻抵打狗。史氏整個手稿對日期交代不清，本文係參考密西根大學的「史蒂瑞第一次探險1870～1875：行程與年代記」為主，並根據其他文獻資料加予修正。如馬偕前一年3月初，由台灣府到淡水建立教區，搭的也是這艘長150呎、重277噸的小汽船：「海龍輪晃盪了2天，終於抵達淡水河口」（引自MacKay, *From Far Formosa*），所以可以確認這段航程須2天。另外，史氏大概不知道船長法樂（Captain John Farrow）也是位老台灣、兼探險家，故文中未提及。有點可惜，否則可從法樂打聽不少有用的資訊、建議，也能打發無聊的船上時間。法樂曾在打狗主持清海關輪船業務，從1871年秋季即

▲ 打狗港南怡記洋行倉庫（Pickering）

擔任這艘首航大陸、台灣定期客貨汽船的第一位船長1874年牡丹社事件時，曾出面協調過日軍主帥西鄉從道接見清使周振邦等人。

打狗港當時港內淤塞尚不嚴重，所以船可直接靠岸。史蒂瑞拿著介紹信，找到一位長居打狗的商人兼探險家泰勒（Mr. Taylor），獲得收容，往後7天停留打狗期間，就住在泰勒的寓所。史氏未多介紹泰勒此人，他可能是那位1863年，曾擔任顛地洋行駐打狗三葉號（*Ternate*）集貨船的行員；也可能是曾於1866年，擔任怡記洋行（Elles & Co.）打狗代理商的那位W. H. Taylor；而兩者也有可能為同一人；待考。

隔（6）日上午，史氏即迫不及待的帶著槍四處遊蕩，採集各種標本。不過打狗並非他的主要考察地區，他的目的地是尚未廣為人知的內山，只是尚無確切的目標而已。所以當駐台灣府（台南）的英國長老教會傳教士甘為霖（William Campbell）來到打狗，透露正準備到中部內山探訪教友時，史蒂瑞打聽到這個消息，馬上拿出介紹信，表示希能跟隨前往，獲得同意。由此看來，史氏的台灣行，基本上是一個看事辦事的隨機作業，稱不上有完整的計畫，我們由以後其他行程的決定也看得出來。當然，這與台灣仍是研究者的處女地有關，也無礙此次他所作、稱得上第一次較科學、較有系統的研究的價值。

▲ 19世紀使用有帆竹筏登陸或離岸（The Illustrated London News）

史蒂瑞原期望那兩位喝酒誤事的僕人，能直接由廈門趕到打狗與他會合，可是左等右盼終歸失望，無奈只好就地聘請一位叫王嘉（Onga）的嚮導。當然依閩南語慣用法，Onga也可能是一位姓王的人「王仔」或「王耶」。這位王先生經驗豐富，曾伴隨過李仙得將軍及很多洋人探險家深入內山，更重要的是會說英語，雖然是滿口洋涇濱。此後半年，王嘉一直忠誠地伴隨史氏，直到後者離台為止。

▲ 上有乘坐用桶子的竹筏（B. Bax）

10月12日，史蒂瑞與王嘉搭乘一艘商人往來打狗、台灣府的小交通船北上，經過幾個漁村與沿海數不清的打魚竹排，4、5小時後，抵達安平小島半哩外的停泊處。這時台江內海已淤塞成一片沙地，只在張潮時有些許海水進入形成運河，可行駛竹筏之類的小船，通往2、3哩外府城的五條港區。漁民在南邊築堤、圍成養殖魚池；北方低窪處大部分成了蚵民養蚵地，一排排數不清的竹片插滿原是港灣的內海。史氏換乘有帆的大竹筏上岸，「一艘大竹排很快的靠攏我們的船，我躍上竹筏，提著行李坐進安置於桅杆旁的大木桶。海浪很大，濺濕光著上身、奮力搖槳的船夫，但安坐木桶的旅客則並不會被海水打到。靠著桅杆張掛的草蓆的助力，船夫靈巧的避開沙洲，順利的靠岸。」

安平港邊有幾座洋行用來儲存糖的倉庫，過了漢人住處，即是小丘上已廢棄、傾圮的熱蘭遮城，洋人主管的海關就建築於其上。一群工人正敲下城牆泥磚，推滾下山供做建材。「安平大部分的建築物，都是靠這樣取得材料的。城堡面海的主門仍在，上面鏤刻著TE CASTEL ZELANDIA GEBOWED ANNO,1630-」，史蒂瑞如是觀察道。1630可能係年代久遠、字跡風化磨損而造成的誤判，1634年四座附屬石堡竣工，才算完成整體防禦系統。郇和（Robert

▲ 熱蘭遮城（The Illustrated London News）

Swinhoe）則記為 "Te Castel Zeland Gebowed Anno 1630"; 甘為霖根據荷蘭史料，寫為1632年開始興建，不過未記完成年代；1714年奉旨來台測繪地圖的馮秉正神父（Father de Mailla）親眼看到上刻 "Castel Zelanda 1634", 照理說他距離該城完工年代最近，應該最正確；但20世紀初的後輩村上直次郎卻認為字樣應為 "T'Casteel Zeelandia Gebouwd 1632"。很有趣的「橫看成嶺側成峰」。1868年11月「樟腦戰爭」英艦砲擊安平事件，毀損部分；1874年10月，沈葆楨在離古堡1.5公里的海邊築億載金城，「沈欽差大臣用法籍顧問帛爾陀（M. Berthault）提出、類似巴黎四周要塞的藍圖。因缺磚塊，便把熱城寶貴的古蹟拆毀了，」于雅樂婉惜的寫道。日治時代在廢墟旁另築一座新堡，即現在的安平古堡。

## 停留台灣府種種

史蒂瑞捨搭竹排、沿著安平通往府都的堤岸，步行進城。堤岸是用挖掘運河多出的泥沙築成。「我們由面海的城門進入首都，城牆被房屋、商店等建築物整個遮蓋了，實在很難確切說到底怎麼進城的。很快來到一條通向城東又窄又彎曲的小街，據說原是荷蘭人蓋的牛車路，兩旁擠滿店鋪，人來人往好不熱鬧。打赤膊的苦力挑著扁擔，每走一步即哼哈一聲，警告行人讓路；穿著長袍、打扮光鮮的商賈來去匆匆，四處接洽生意；傲慢的官員坐在4或6人抬的轎內，前有小吏吆喝開道，搖擺過街。」史蒂瑞對城市往往輕描淡寫，不太詳細。我們來比較甘為霖初抵台灣府的印象：

「雖然到處有不錯的人行道，很多店鋪也十分吸引人，但一般而言街道狹窄、多風、未舖平、且有種說不出的怪味。身為初到者，相當好奇馬路所看到的一切。可憐的乞丐很多患了痲瘋症，坐在路邊用盡方法展示其困苦，以博取施捨；但大多數有錢的幸運兒卻不為所動。也有看到和尚，外表顯得柔弱、無丈夫氣概。讀書人似乎比我在大陸訪問過的熱鬧城市多，他們曳著藍袍、趾高氣昂的走著，且絕不掩飾其對洋人的憎恨。」

史氏來到較有錢人住的東區，房子、人口比西區少多了，間雜竹叢、大菜園，找到長老會賃屋處，「德馬太醫師（Dr. Matthew Dickson）與甘為霖暫時住於一座租來的大院落，直到很想自建的住處完成為止。前者負責教會醫院、偶爾到其他教區行醫、佈道；後者主持教務。另有位來自大陸，協助最初在台創教事宜的文哥（old Bun），是傳教士的漢文老師。2、3位年輕學生跟他們研習教義，學成後將派到各地教堂服務。」這屋子位於熱鬧的亭仔腳街，也即俗稱的舊樓，今博愛路盲啞學校附近。

▲吳文水長老

德馬太於1871～76年在台，主持台南教會醫院，是第一位將種痘法引進台灣的醫師，醫術高明，連台灣道夏獻綸都成了他的醫療對象，他趁機開口要求將醫館遷到適當的地方，「道台大人也是我的病患，因此我大膽提出希能使用一間廟當作行醫的場所。於是他立刻派遣一位佩掛一枚藍扣子的官員，勘查所有的廟宇，並提出報告。」這是德醫師在1876年7月留下的通信記錄，稍後即離台，所以想必沒有得到任何佳音。不過不久以後他又回到台灣，再待一年。

文哥本名吳文水，漳州人，1865年5月隨老馬雅各醫師（Dr. James L. Maxwell）來台開拓長老教會，擔任僕人、看顧教堂的卑職。他沒受過正統教育，曾是嗜吃鴉片者，歸主後，由衷地悔改。來台10年，熱心傳教，漸成教會倚重的幹部。甘為霖讚道：「來台最初3年，文伯可以說是我靈性上的父執輩。」他甚至將吳文水的照片收入《台灣佈教之成功》（*An Account of Missionary Success in the Island of Formosa*）書中。

甘為霖（1841～1921）自1871年至1917年在台傳教近半世紀，76歲才退休返蘇格蘭老家，把一生最黃金的時間貢獻給台灣。他有關台灣的著作近30種，

▲馬雅各醫師

較為人知的有：《台灣佈教之成功》、《荷治時期之台灣》（*Formosa under the Dutch*）、《台灣隨筆》（*Sketches from Formosa*），為後人留下寶貴的資料。美國首任駐台領事、《風華美麗島》（*The Island of Formosa, past & present*）作者達飛聲（James Davidson, 德衛生）評甘氏為「毫無疑問，他是研究台灣早期歷史最權威者。」甘牧師活力充沛，勤訪教區，曾數度差點喪命於歹徒之手，最有名的是白水溪教案，他差點被店仔口（白河）豪紳吳志高的黨羽縱火燒死；在拜訪原住民部落時，也曾數度幾乎喪命。這些經驗豐富了他的創作內容。他重視盲人教育，創辦訓瞽堂盲校，引進布雷爾點字機（Braille），為盲者出版點字書籍。退休返國前，百姓依依不捨，日本第六任總督安東貞美還特地南下致意。

1873年10月13日，英國駐打狗領事館翻譯官布勒克（Thomas L. Bullock）從駐所趕到府城，加入中部內山之行。他們只有不到一天的準備時間，幸好都是老手，所以一行13人如期於次日出發。

布勒克此人挺好動的，只要有機會就四處探險、打獵。稍後於隔年3月，為了打獵，他再度陪同史蒂瑞走訪大武山西麓的平埔族。他在1870年代，曾服務於淡水、打狗、台南等領事館，之後調往中國大陸，服務了很長的一段時間。1897年任駐上海領事，當年結束職業外交官生涯，返英任教於牛津大學，留有〈台灣中部內山行〉（A trip to the interior of Formosa）、〈台灣原住民方言與馬來語的比較〉（Formosan dialects and their connection with Malay）、〈福爾摩沙〉（Formosa）等文，並編過*Progressive Exercises in the Chinese Writing Language*（1902）乙書。他與1866年陪伴英國植物學者柯靈烏（Cuthbert Collingwood）、走訪台灣東北部的英國軍艦海蛇號（*Serpent*）布洛克船長（Captain Charles J. Bullock）並非同一人。

# 史蒂瑞中部內山行——埔里、日月潭見聞錄

▲ 抬椅（John Thomson）

1873年10月14日，史蒂瑞、甘為霖、布勒克3位盎格魯撒克遜人，加上2名僕人、4位挑行李的苦力、3位抬著一座轎椅的轎夫、一個專門負責保管兩甕準備用來裝標本的酒罈的苦力，一行13人浩浩蕩蕩的由東門出發。

苦力打赤膊並將及膝短褲捲起，挑著近百磅的行李，邁開大步，身體兩邊搖晃以保持平衡，扁擔上下左右擺動、吱吱作響，3位近乎空手的白人差點跟不上。沿途，每隔1、2哩的樹蔭下，總有座茶亭供給茶水與簡便飯食，苦力食量驚人，但史蒂瑞卻擔心他們的營養不夠：「店家端上大碗熱騰騰的米飯、一小碟醬菜、一片鹹魚，挑夫端起碗筷，快速的將飯扒入嘴中，偶爾

塞點佐料，兩三下就解決一餐，然後又迅速上路。他們一天要吃5、6頓，以應付長途跋涉體力的消耗；但餐餐類似，夠營養嗎？」

## 田野、溪谷、山間

他們走的雖是大道，但離府城愈遠，路就愈窄狹，「蜿蜒於稻田中，沒有固定的途徑，端視地主偶發奇想的改變它，或是旅客如何創造它而定」。遇到小溪，或是利用廈門來的壓艙石鋪妥的石板橋過河；如無，則須涉水而過。大河則須靠渡船了。時值秋收，男人割稻；綁著小腳的婦女則用棕櫚葉將三寸金蓮裹好，以免陷入軟泥中，她們將割下的稻穗在一個大木桶敲打、去穗，再把稻米晾在乾燥的稻埕曬乾。漢人擅於土地利用，因應各地土壤性質，分別種植稻米、甘蔗、芋頭、地瓜、花生、檳榔、蓮花、靛藍及各種水果，史大個兒對此讚不絕口。

▲ 農民用打稻機除穗（T. Kawata, Formosa Today, 1917）

早期南部的農村較無安全的顧慮，故皆為散村，與較慢開發的北部集村形態不同。南部農村散布於田園中，通常繞有竹林。每當史蒂瑞等人抵達任何地方，馬上成為矚目、圍觀的標的：「一進村裡，人們擠在門口、街道衝著我們直叫『哇！番ㄚ！』（goa, whan na！or " My goodness！a savage！"）『哇，番啊！』…，大男孩好奇的尾隨我們的行列，偶有較大膽的會跑到前面，雙手撐膝、圓張大口、直瞪我們，待我們走近，他又重演這齣戲碼。總之，不管吃飯或只是單純的問路，很快的就會被一群急於觀賞『野蠻人』的鄉民團團包圍，有的是站票，有的是蹲票——蹲下來、從前面的人的腿縫瞇視我們，各種姿態不一而足。」

第一天跋涉了20哩，下榻於叫火燒店（Hosiutiam, 台南市柳營區人和里）的一間大旅館，所謂「大」，是相對於往後窮鄉僻壤的小客棧而言。那是座類似兵營的大通舖，排滿竹床，中間有一個大灶，灶的四周散滿米、茶、炊具，供旅客自行煮食。史蒂瑞等人吃了僕人為他們準備的米飯與蛋，只不知是否蛋炒飯？有些苦力縮臥在竹床上吸食鴉片，享受快樂似神仙的時刻，「很多漢人苦力成為鴉片鬼，幾乎把所有收入用在這種嗜好上，衣衫襤褸，只花費很少的錢購買食物，其餘的大部分都抽光了。他們整天在街頭巷尾晃盪，等待工作機會，有幾次我們僱用幾個，以接替精疲力竭的苦力。他們看起來像能動的骨架，但耐力十足，能耐長途跋涉，」史蒂瑞觀察道。

▲ 抽鴉片（John Thomson）

事實上，假如史氏知道實況，會更為吃驚。清末台灣人口約260萬，吸食鴉片者至少50餘萬，扣除小孩，那麼每3個成年人就有一位是吸食者，如果再去掉吸食比例較少的女性，則每2個男人即有一名抽鴉片，比例之高相當駭人。富人抽的是最貴的「公班」牌黑土、次為「白皮」、再次者為普羅大眾負擔得起的「金花」。至於低層的窮人喜愛的則是攙入假貨、製成小圓球的廉價土耳其鴉片，因為每泡的煙灰還可再抽四、五次，較合算；缺點是它太容易發熱，不利夏天吸食，而且散發出嗆鼻惡臭。鴉片又稱烏煙、洋藥、阿芙蓉，1868～95年間其進口額，竟然佔了同期台灣總進口值的57%，把茶、糖、樟腦爭取到的外匯幾乎吸食一空，影響了台灣各方面的發展至鉅。以史蒂瑞來台的1873年為例，當年進口總值179萬海關兩，鴉片即佔137萬兩，為77%；而全台出口才僅148萬海關兩。

這晚，3位「白番」多花費幾文錢，住進「豪華套房」——也不過是單獨隔開的房間，大概不想睡覺時又發生「萬眾矚目」的慘況。上等房緊鄰豬圈，他們在竹床上鋪好自備的草蓆，「忍受不斷飄來的鴉片煙惡臭，以及成群結隊而來、強索夜度資的跳蚤的攻擊」，可能太累了，竟能呼呼大睡，一覺到天亮。

次（15）日，匆匆用過類似晚飯菜餚、但較為簡單的早點，立即上路。3人中一人輪流坐上抬椅，其他2人步行。他們仿傚苦力、改套上草鞋，只是仍穿襪子，以免腳皮磨破；同時換穿寬鬆的華式衫褲，雖是旅華歐洲人睡覺、休閒時的慣常打扮，但當作越野服，也挺合用的。甘牧師把褲管捲到膝蓋上面，史蒂瑞認為看起來像改良式蘇格蘭裙。

進入嘉義縣境內，地勢漸高，農田仍以種稻為主，間有花生、甘蔗等作物。婦女、孩童坐在大片的花生田裡掘土豆，一群豬仔尾隨在後，撿食落穗。農家女用藍布包著頭，然後在頷下打結繫緊，「挺像以往美國婦人用的頭巾，」史蒂瑞觀察道。

當天晚上住在嘉義城旁村莊。嘉義城人口據稱介於2到6萬之間，與清國大部份的城市一樣，沒個定數，史蒂瑞認為一則地方官僚可隱藏稅捐，另則可能是居民未正確填報人口，城市又容易「大隱隱於市」，如此可保持往來各地打工、作生意的自由。至於嘉義這個近山之城，既無天然、也無人工河運通達海岸之便，竟能聚集如此多人口，應該與防禦東方不遠的山區有關。

▲ 各式傳統農具（F. Hawks）

10月16日，天尚未亮即出發。他們離開往彰化的路，略偏東方，朝向山區前進。過往的人皆成群結隊，攜帶長矛、火繩槍（firelocks），令人感受到已靠近山區野人勢力範圍的緊張氣氛。當晚抵山麓野村，很幸運的獲得汛地駐防小軍官的邀請，住進營區。「我們住進比民間小旅館乾淨的房間，也終於可以躲開到處窺視的好奇眼光，」被看怕的史蒂瑞總算鬆了一口氣。營舍前練武場擺滿關刀、石鎖、弓箭等武器，史蒂瑞好奇的舉起關刀，但無法舞動這把沉重的武器。幾位士兵模樣的人輕鬆的舉起石鎖、拉開強弓，「儘是訓練士兵的老步數，即便已引入先進武器，也沒有實質的改變，」他認為：「假如這些兵與歐洲軍隊打仗，並給予最好的武器，但平時不勤加操練、使用的結果，恐怕也將立刻成為對手的槍下亡魂！」

10月17日，也就是離開府城的第4天，一行沿著溪谷開始整天的爬山，穿過羊齒類及多種熱帶植物，然後就是長草、蘆葦、森林。「漢人砍伐整片樹林供作燃料、建材之用，空地長滿長草、蘆葦。越來越多觸目可見的樟

▲ 採樟木製樟腦（《台灣風俗大系》）

樹殘株及砍下的樹幹，上等樹幹通常在現場鋸成厚板材，再行運下山；彎曲、有結的部位則留下，稍後再處理成細塊，供作鍊製樟腦的原料。山區每年固定遭到縱火，但分泌出易燃膠脂的樟木卻似幾乎未受影響，也許它的材質與極不容易點燃的白松一樣使然。晚間抵達邊境小鎮，苦力要求明天須僱用武裝保鏢，以策安全，但我們自認力足拒敵，也終於說服了他們。此地毫無漢人統治的跡象，每踏出一步，蠻荒野地就朝我們逼近一步。」史蒂瑞嘆道。

## 遇見邵族

18日中午，遇到一支漢人稱作「水番」（Tsuiwhans or water savages）的隊伍，也就是邵族人（Thao）。水番一見他們立刻趴下、平俯在地，以示膽怯、無害之意。「他們身材非常矮小，但五官好看，眼睛是雙眼皮、不似漢人斜飛的單眼皮，膚色與馬來人、爪哇人、美國印第安人相近。頭頂毛髮剃光、後腦部垂下又黑又粗、打了一個結的長髮。身穿Rotoô——一種用鹿皮或猴皮製成的及膝短寬衣，露出未著褲子的腿部，皮衣經長久使用已破爛不堪，上面的獸毛早已磨掉。他們攜帶舊式火繩槍、弓箭、長矛等武器，肩揹木架負物，得知我們想拜訪部落，立即轉身陪伴同往。經過一小時的跋涉，來到一個直徑約2、3哩的山谷，中有一小湖，盤踞了谷底的大部分。」

此湖即是邵族口中的Zintun, 文獻記載的石湖、水裡湖、水社湖、水沙連湖，洋人口中的龍湖（Doragon or Dragon Lake）、甘為霖牧師於1873年5月16日，也即他上次首度訪問此地時，為紀念荷治時代首位駐台牧師干治士（Georgeius Candidius, 1627～31，1633～37年間兩度在台），而命名為干治士湖（Lake Candidius）。甘牧師宣稱他自己是首位訪問此湖的西洋人。

道光元年（1821），北路理番同知鄧傳安在〈遊水裡社記〉云：「其水不知何來，瀦而為潭，長幾十里，闊三分之一，水分丹碧二色，故名為日月潭。」這是「日月潭」三字最早出現的記載，不過當時沒這麼大，他要不是未親臨此湖，就是只吃完野味即拍拍屁股走人。因為在1934年底，完成水力發電廠、圍潭成水庫之前，日潭南北長約2.2公里，東西寬約2.8公里；南邊的月潭寬僅400公尺，長2.2公里，潭水最深處僅6公尺，珠子山（即光華島、2000年2月改名為拉魯島Lalu）尚高出湖面26公尺，潭水總面積4.55平方公里。水庫完成後，水位增高18餘公尺，面積達7.73平方公里，珠子山僅露出水面5公尺，原居西岸的水社、東南的卜吉社被迫遷移，潭東的貓蘭社則全沒入水中。難怪史蒂瑞用「小湖」（the little lake）稱日月潭；所以，我們在看甘牧師、史蒂瑞早期的報導時，應先瞭解日月潭今昔之變化，方能融入其境。

史蒂瑞說邵族的身材矮小，當然不是與他的193公分高的標準相比。據金關丈夫從1936年起，共13年的研究，邵族成年男子平均身高158.2公分，算是矮小的，但仍比賽夏、排灣、達悟、魯凱族高；超過160公分的有阿美、巴宰、鄒、卑南族，其中又以阿美族約165公分最高。當時的漢人呢？福佬平均166.7，客家人為163.2。當然，這是6、70年前的研究，雖已不符目前的現況，不過恰可了解物質匱乏時代的情形。台灣先住民族的體質還有下述特色：

▲ 日治初期日月潭蟒甲舟（A Guide to Formosa Railway, 1909）

(1) 膚色全為淡褐色。

(2) 頭髮幾全屬直毛，極少數為波狀毛，沒有捲毛種。

(3) 髮色幾全屬純黑，極少數為黑褐色。

(4) 眼球為褐色或黑褐色。

(5) 雙眼皮出現率甚高，為90%以上。

湖四周的山谷、林區在前不久仍屬邵族所有，但自從允許幾位山產買賣的「番割」定居下來後，漢人用「水番」熱愛的三酒（燒酒）（samsu or Chinese rum）換地，已擁有絕大部分湖濱可種水稻的平坦地。西邊山坡地已有部分林區被漢人砍伐一空，東區仍屬社民擁有、尚保持完整。一行人來到湖濱，恰遇一位划蟒甲舟（土語Ruza）的社民在蓮花叢網魚，好奇的史蒂瑞用煙草引誘他靠岸，「他小心翼翼的划近，我得以研究他的船與魚獲。獨木舟是由樟木整塊挖空、可能再用火燒烤，前後兩端以黏土伴和草皮堵塞，以免湖水滲入，外觀看起來似有數百年的歷史。船底擺放5、6隻鯰魚，少許蚌蛤。」

## 與邵族相處的日子

隨行的苦力覺得深入不毛之地、時刻有生命的危險，要求額外的「安全津貼」，工錢應提高成兩倍。勞資雙方經過激烈的討價還價，上演一齣「湖濱慘劇」，最後資方壯士斷腕，付清工資、打發了事。此時只剩3位白人、2名貼身忠僕。

他們到來的消息傳到上湖處老頭目耳裡，他馬上派了艘大蟒甲（艋舺）前來迎接。史蒂瑞剛與苦力吵完架，氣沖沖上了船，幸好美麗的山光水色，加上邵族人優美、狂放的歌聲，讓他逐漸消氣：「往湖北途中，船夫配合划槳動作，唱出略帶野性之歌，原來這是向北方信基督的熟番（Sekwhans）鄰居學來的聖歌，而且可能是首讚美甘牧師的曲子。後來在烏牛欄（Ogulan or Auran）聽到同樣的歌曲，只是唱法較溫和而已。」史蒂瑞記下這首歌的五線譜及用羅馬拼音寫成、擬閩南語的詞 ，它第一段的歌詞可能是：

上帝創造天及地 siong te chong tso thin kap toe
生成萬物逐項會 sin chian ban mih tak hang oei
功勞極大又極闊 kong lo kek toa iu kek khoah
此時盡好永無息 chit si ching ho eng bo soah

據史蒂克估計，住湖畔的邵族約1,000人左右，大村落位於山谷西側、湖區北端，也是頭目住的地方。這個村落可能是水社；但邵族人口應該不到千人。據1847年閩浙總督劉韻珂「勘番地疏」的統計，邵族有861人；到了1896年日治初期，只剩352人。可見史氏的草估似乎有問題。

白髮老頭目率所有社人到碼頭迎接佳賓，有些人居然向他們道「平安」（peng-an），還握手致意。漢人沒有握手致意的習慣，這些可能都是學自埔里基督信徒。男子穿著獸皮套衣，上齒兩邊的犬齒在8至10歲童稚時已鑿掉，露出兩顆孤伶伶的門牙，像煞逗趣的松鼠；女人以一塊漢布圍身，很像馬尼拉婦女的沙雅裙（saya），小腿裹布、防遭荊棘刺傷。11歲左右以下的男孩幾乎不穿衣服、甚至裸露身體。

他們被引進一所建在2、3呎高土台上、頂覆茅草的大竹屋。屋內四、五處分置火爐、竹編平台狀的床，供4、5個家庭使用。中間支撐屋頂的大支柱附近，擺滿火槍、弓箭及各式各樣打仗、打獵的武器。門口、樑柱掛著野豬、猴子等獵物的頭殼作為裝飾品，邵族顯然已放棄獵人頭的習慣了。

甘牧師當天即前往北方埔里地區，探視那裡的教會；此行他相中湖中的拉魯島，有意於島上興建教堂。1875年，正忙著開鑿中路的總兵吳光亮聞訊，先發制人的在島上蓋了正心書院，用以圍堵洋教。甘為霖當然大失所望，據台灣道夏獻綸於光緒三（1877）年的奏摺云：「水社有一浮珠嶼…洋人先欲於該處起建教堂，吳鎮先建書院一所，將其

▲ 甘為霖筆下的珍珠島——日月潭拉魯島（W. Campbell, Sketches from Formosa）

地概行歸官，洋人氣沮…」。

史蒂瑞、布勒克兩人則為了打獵、蒐集標本，續留幾天，但社民卻不歡迎他們留宿村內，指引他們去湖中小島找一位漢人老頭。老頭用船載他們到他弟弟靠大番社旁的住處。老頭的弟弟是該區漢人的頭人，擁有最多的水田，外表看起來討喜，很慷慨的收容他們，雖然住的是供奉祖先神牌的側房。

史蒂瑞甫安頓妥當，馬上又放出蒐購任何活的生物作標本的消息。於是不管漢、邵的男孩，立即大批出動，為史氏的酒罈添滿魚、蛇、烏龜等各式各樣的生物。「我很自然地就發現兩個民族的男童對工作態度的差異性。邵族男孩很快就滿足或厭倦了；漢人小孩則不停的蒐集，只要我還肯付錢，」史蒂瑞觀察道，但這並不表示邵族人不愛錢，「整個部落從酋長以降，都是乞討大師（great beggars），不停攜來類似蛋、番薯的小東西，以求從我們這裡得到大回饋，搞得整天不得安寧。不過他們是我的研究對象，我趁機記錄其語言，倒是樂在其中。」

他也吆喝孩童陪他四處踏察，發現很多與西海岸地區完全不同的漂亮蝴蝶種類，也蒐集到蚱蜢、螳螂等昆蟲。不過只發現很少的鳥類，其中一隻是藍色蒼鷺。

▲ 史蒂瑞認為漢人缺乏音樂細胞（T. Kawata, Formosa Today）

當時正逢收成期，擁有不多農地的「水番」忙著幫漢人地主割稻，成群男女邊工作、邊唱歌，歡笑聲不斷，飄揚於湖濱、山巔。荷稻返村的男人沿途哼唱單調的oh-ho-oh-ho, 雄壯的歌聲迴響山谷。

「有天早晨，我被一群邵族男童唱的怪異且原始的圓舞曲吵醒，說真格的，單憑這手技藝就足以組團赴文明國家巡迴演出、賺到大錢。」史蒂瑞讚譽有加，不過他對漢族無音樂細胞也印象深刻，大概聽過粵劇、平劇、南管、亂彈之類的歌曲，「漢民族的聽覺，發聲器官一定與其他民族不同，在別族聽起來極不協調的音樂，他們自己卻捧為綸音，這種全國性的音盲值得深入研究造成之因。就我的觀察，全世界的原住民的音樂都很悅耳，他們極富音樂細胞，可以很快學會各種旋律。」

## 通過「生番」馘首埋伏處

至於打獵成果呢？即便邵人帶著獵犬幫忙，也無法圍捕到野豬，史、布2人決定打包離去，到埔里與甘牧師會合。收容他們的屋主之子不幸被生番馘首，加速他們的啟程準備。漢式喪儀、哭調令史蒂瑞印象深刻，「喪者的老母坐在門前草蓆，前後搖擺身軀，以全村聽得到的哭調，細數喪子之痛，間雜哽咽、啜泣，每有一批親戚前來悼念，她又重新揚起另一回合的哭調。老主人則強忍悲痛，以沉寂的方式表達悲傷。一隊武裝年輕人迅速出發，前往出事地點，希望找到並取回無頭屍體。」

當（22日）晚，他們通知水社酋長，希望派人幫忙搬運行李。隔日一早，九名健壯的勇士報到，爭先恐後搶選3位苦力挑上山的較輕行李，好不容易總算分配到大家咸感不滿意、但可以接受的程度，他們以頂在頭上的背帶連接背後木架負起行李，終於出發。酋長的兒子率領一對武裝戰士保護他們前往埔社（Posia），「至少75、說不定已80歲的老頭目也一手提著火槍、一手撐起布勒克致贈的油傘，儘管沒下雨、也沒陽光，擺出很莊嚴的姿態，跟在對伍的後面。他可不是來送行的，而是為了獲得額外的賞金。」據甘為霖有次與美國駐廈門領事恒德森約瑟（J. J. Henderson）赴水社訪問（可能在1875年元月中旬），牧師記載老頭目叫Pai-ta-buk（白大文？），據稱已超過90歲（*Sketches From Formosa*, p. 107）。

史大個子為了捕捉標本，拿著昆蟲網走在隊伍的前面，捉到少見的蝴蝶、飛蛾、小樹蜥蜴等珍貴動物。他認為日月潭鳥類極少的原因，可能與專吃昆蟲的樹蜥蜴大量存在有關。

途中，「水番」突然趴蹲下來，有的用刀敲拍槍柄，有的不斷發出痛苦的呻吟，「他們說有種能預言的鳥在左邊林中啼叫，預警獵頭族的攻擊或不祥之事即將來臨。」就這樣，連續兩次發生類似情況，每次都暫停一段時間，直到預言鳥在右側啼叫、顯示好兆頭，才繼續前進。

史蒂瑞沒看到藏匿林內的預言鳥，所以無法指出這是眼框有白圈的鸓頭鳥（*Alcippe morrisonia* swinhoe），又稱繡眼畫眉，泛泰雅族稱之為Quilek或Sisil，布農族稱為Xasxas，其他族有叫做Silekku, Sisiri, Shire等，雖然鳥占似乎是原住民族（包括平埔族）共同的占卜文化，不過方式有地域性的差異。

經過幾處「生番」（chewhans）曾獵取人頭的埋伏處，終於在下午走出森林，映入眼簾的是直徑五到七哩、叫埔社或埔里社（Polisia）的大圓形盆地，居民6、7,000人，大多數是「熟番」。來到一條很寬但淺的溪，可能是盆地南方的南港溪，有10多婦孺正在堵河捉魚，一見他們到來，立即停止工作、迎向前來握手、道「平安」。握手禮與平安口頭禪是平埔基督徒的特殊標誌，「他們由衷的歡迎我們，可能因為我們2位留鬍鬚洋人是除了傳教士外，首先來訪的白種人。他們身材比邵族高大，約與漢人相當，有張寬闊、純樸的臉孔，有些長得很像白種人，只是嘴巴較大、且大多數有暴牙。」

依金關丈夫的研究（1936～49），烏牛欄平埔男人平均身高為164.8公分，比福佬的166.7略矮，高於客家人的163.2公分。史氏的觀察正確無誤。

一行順南港溪及支流東埔溪而下，攀登一百呎高的土堤，終於到了直徑一英哩多的烏牛欄台地。可能地勢較高關係，只見粗草叢生、間雜竹林，沒有作物種植。避開林蔭被驚擾、四處亂竄的水牛，他們抵達烏牛欄莊（Ogulan, 今愛蘭），全村男女老幼聞訊，爭先恐後由散佈各角落的茅屋踴出，排隊與他們握手、道平安，「有的深覺只握一次不夠，又跑到後面排隊再來上一次，」史蒂克感慨的說：「經歷了漢人村莊的冷淡，飽嚐懷疑的眼色，還被叫做『番ㄚ』，對此地的盛大歡迎，還真受寵若驚呢！」他們被引領到甘為霖下榻的教堂，就在那裡住了兩個星期。

## 埔里的教堂

▲ 愛蘭基督長老教會（陳政三攝）

1872年3月，傳教士李庥（Hugh Ritchie）、德馬太、馬偕3人首訪埔里時，發現烏牛欄、牛眠（睏）山、大湳3社巴宰人正準備自建教堂；而且絕大部分都是信徒捐款，南部長老會只提供少許支助。據史蒂瑞的描述，「教堂用紅磚砌成、石面鑲邊，內部皆用樟木裝潢，泥地上擺樟木長椅。」這是已經過5次重建、現稱為愛蘭教會的原始風貌，「教堂正有20幾名男女童在讀書，被我們的到來打斷了。甘牧師對鼓勵優良學童有獨到的小祕訣貝殼、紅玉髓串鍊給女孩；便宜的小刀給男孩。他們衣衫襤褸，很多13歲左右的男童穿短群而非褲子，不過都很快樂、而且樂於上學。」

「教堂兩側各有一間茅廬，其中一間由一位年輕漢人居住，也是傳道師兼校長」史蒂瑞未詳細介紹這位傳道師。這位漢人傳道師的前任叫李登炎，出身台南崗仔林西拉雅平埔族，1871年底與另兩位漢人傳道師李豹、李天才奉派到烏牛欄宣教，次年分設大湳、牛眠山聚會所、並建立教堂；但1872年11月李登炎已被調到吉貝耍（台南市東河區），故未與史蒂瑞碰面。隔年（1874）元月初，史氏訪崗仔林時，還與登炎的頭人父親、擁有軍功加授五品銜的李順義見過面呢。

教堂另端茅屋，外刷白漆、內擺桌椅、床舖，供巡迴教區的牧師住宿。史、布2人就住進這間小白宮。「我們住處附近立即塵土飛揚，外頭擠滿好奇的不速之客，窗戶上的油紙被他們戳了好幾個洞，」雖略帶抱怨，不過他這次感受不一樣，「儘管有點不便，但面對這些好客的主人，至少我個人樂在其中。」

▲ 大湳基督長老教會（陳政三攝）

由於住所太小，他們被迫在室外用餐、洗臉、刷牙、梳頭，果不其然，吸引了一大群觀眾，「尤其是有著很誇張刷牙動作的布勒克，每當他在進行這項重量級的表演（weighty performance）時，必然得到滿堂彩，吸引無數仰慕他的熱情粉絲圍觀。」史蒂瑞忠實的為我們留下早期南投地區、最大型戶外演出的實況轉播。

▲ 牛眠基督長老教會（陳政三攝）

史大塊頭認為這種溫和、善意的好奇心，與漢人冒失的瞪視完成不同。有個老先生更有趣，為了「賞人」，經常在附近晃盪，不肯錯失任何精彩鏡頭，「跟其他人一樣，穿薄衫、短褲，遇寒冷的清晨、晚上，他手提小竹籃，內藏已燃炭爐，來到我們門前，放下竹籃、蹲在上面取暖，靜待好戲上場。好個特立獨行的怪老子！」

這是男人、小孩的表達方式，至於女人呢？「像文明國家女信徒一樣，年長的婦女表達對宣教士的關心與敬意，經常送來水果、小米布丁。儘管她們很窮，但卻很難使其收下食物的錢；有人甚至認為為了區區小東西就給錢，對她們是侮辱。」

布勒克在來此地途中扭傷腳踝；在等他康復期間，甘牧師忙著四處探視教區，史蒂瑞又打開酒甕，開始叫買奇珍異物，不多久即有多人帶來魚、蛇、烏龜等。他在台灣採集到80種蛇，即有40多種來自埔里。他對蛇很有一套，當人們膽顫心驚的以竹枝挑蛇來時，他就出其不意，輕拍蛇的7寸處，讓它暈眩，在不傷及鱗片下，趁機抓起、輕輕放入罈內。這種表演也很叫座，經常吸引大批觀眾，包括有心見賢思齊的甘牧師。

「甘牧師看過幾次後，似乎也有意成為耍蛇魔術師（snake charmer）。他先用細竹輕拍7寸處，蛇頭頸部位立即成扁平狀、露出一對大眼睛，我腦中閃過是印度眼鏡蛇的念頭，趕緊叫他閃開，所幸他及時退到一旁，避開蛇的攻擊。」

史蒂瑞也買進2、3條有毒青竹絲，一位13歲左右男孩又捕獲一條，他仍然買下，但同種類的已夠，就叫王嘉拿去放生，男孩看到這一幕，跑來還錢，「我要王嘉向小孩解釋，而且這錢是補償他捉蛇所費功夫。但他只一味的搖頭、作勢離開，我連忙把蛇放進甕中，他這才高高興興的收下錢。」所有兒童都很滿意史蒂瑞的購價，但所得馬上進了聞風而至、一位賣土豆仁、爆米香的漢人小販的口袋裡。

獵人也提供不少獵物，史大個子省掉自己動手捕捉的麻煩，可把時間花在剝皮、保存標本的工作，忙得不亦樂乎。最大的獵物是長老及教會創辦人開山舍（old Kisanhia）射殺的有多支叉角的大花鹿。史蒂瑞點燃火把連夜指導村民剝皮，「全村的人禱告上帝恩賜，男童圍繞解剖台，手沾鹿血、放入口中，發出咂舌聲，嚐得津津有味。」

史蒂瑞提到的開山舍，不但是埔里的基督教開創者，而且是整個中部地區基督教傳播的大功臣。他全名叫潘開山武干，1870年9月間，打獵時槍枝走火受重傷，輾轉來到台南就醫於馬雅各醫生（James L. Maxwell）處，不到3個月即傷癒返鄉。住院期間深受教義的洗禮、感召，回到烏牛欄他土法煉鋼，自辦聚會所，並到處宣揚基督精神。長老教會獲悉該地竟然有這號義工，終於派李豹於1871年5月入埔里4個月；同年底3位前述本土牧師到職；1872年自建三座教堂。據賴永祥的研究，開山舍的後代子孫有多人任教會的傳道、執事、長老。

## 烏牛欄社的移民

村民的農田都在台地下方山谷處，他們工作態度輕鬆，收成的米糧用牛車運回，未上油的牛車輪嘰嘰嘎嘎尖銳的磨擦聲響徹山谷。收成固然重要，但並不妨礙更重要的圍獵，史蒂瑞應邀參加幾次。

▲ 馬雅各醫師家族

有次出獵回程，獵人聚在一棵樹幹1.5呎寬、高約70呎的蘋果樹下，「這顯然不是山楂子（crab apples），而是有人刻意種植的蘋果樹，果實味苦難吃，但他們卻如獲至寶，將撿拾、摘取的蘋果小心翼翼的放入獵袋，準備帶回去煮來吃。」

「這裡的人來自靠近彰化的西海岸，他們說約30年前移民到埔社（按布勒克稱約40年前移居）；長得比漢人好看、強壯，少數可能與漢人有通婚情況。所有巴宰族名義上仍受清國統治，埔社亦然，巴宰族一位富裕的人用錢買了小官職，成為該族的總通事（governor）；但實際政務、司法裁決似仍操在部落長老手中。」

上段陳述有幾處須修正：原居台中神岡、豐原、東勢一帶的巴宰族居住地區並不靠海岸；他們最早是從道光三年（1823）起，開始移民埔里地區，原住葫蘆墩（豐原）的烏牛欄社即是最早移民的一批。烏牛欄本意「番茄的產地」，可見其祖居地盛產番茄。史蒂瑞提到的總通事，可能是神岡岸裡大社的第二十代總通事潘國恩。當然，史氏有可能問到才移居不久的「新住民」，才會有這樣的答案。

教徒每天早晚都舉行聚會、祈禱，齊唱聖歌，小部分是牧師教的，大部分是他們的傳統曲調、加入聖詩歌詞而成。有些男子識漢字，大多數的兒童已能閱讀以羅馬拼音字印成的新約了。

「這些曲子非常奇特，但旋律優美，西方作曲家可在此找到渴望的新譜。祈禱儀式結束，仍然有許多人留下繼續唱歌。我個人覺得聖歌教化民眾的功能，可能遠大於傳教士出於無奈下，所聘任的本土牧師。」史蒂瑞的評論以偏概全，並不公平。甘為霖在1872年11月初首度訪察此地時，對曾任烏牛欄傳道師、剛調到吉貝耍的李登炎印象深刻：「傳道人登炎兄（Brother Teng-iam）在此工作了11個月，似乎很成功，有23個兒童會讀，10個會寫羅馬拼音字的漢語。」李牧師的太太登炎嫂也教兒童白話字的說寫，只是她身體健康情形不佳，導致李登炎被調到吉貝耍。

史蒂瑞為學巴宰民謠，每次聚會後，請兒童唱給他聽，他也回報美國歌，「一位曾患嚴重天花的小女孩先起音，其他馬上扯開喉嚨跟進。我回饋予主日學校的聖歌，在我尚未離開此地前，他們早已將本土歌詞溶入跟我學的美國曲了！」巴宰的合唱乍聽之下，很像西方式的混聲分部合唱，但史蒂瑞發現兩者有別，他們的是所有人唱相同旋律，但聲調高低不同的「混聲不分部合唱」。「婦女用高八度音唱出與男聲一樣弦律之曲，11歲左右尚未變聲的男童則以最高的尖音加入，產生非常奇妙的效果，」史蒂瑞著迷萬分、讚不絕口。

烏牛欄人最後終於發現大個子與牧師居然來自不同的國度，於是希望大個子介紹美國點滴，史蒂瑞發表一場演講，由甘牧師翻譯成閩南語。演說完，大家起立致意、表達感謝，武干舍請牧師轉達史氏，「希望你回去後，轉告你的國人，在遙遠的福爾摩沙島上，信同樣主的窮人，希望死後能與他們上同樣的天堂。」

# 眉溪歷險行

經過近2周的調養，布勒克的腳傷已痊癒，史蒂瑞、甘為霖、布勒克3個30鋃鐺歲的小伙子靜極思動，原打算作一趟橫貫中央山脈、直達東方太平洋海岸的創舉，但事與願違，附近的平埔、賽德克兩族恰好因為後者偷了前者2頭水牛，爆發火拼，阻斷了通往東岸的道路，也粉碎他們創造首度白人橫斷東西山脈紀錄的美夢。

不過，他們仍想到埔里社東邊的「生番」部落作一趟旅行；但沒人適合當他們的嚮導，最後只好找上老鴉片鬼阿敦（Atun）。他是平埔異教徒，被稱為大流氓、大騙子，眾人皆反對他們雇用這位「番割」（barters and go-betweens），但他娶了「生番」老婆，是唯一適合當此行的嚮導兼翻譯之人選，「最初他並不願意冒險，但我們提供5塊銀元的待遇，他必然閃過『可買許多鴉片的念頭』，終於首肯。」事實上，該年5月甘牧師首次訪問「霧番」（Bu-hwan）另一個較北邊的部落（可能是仁愛鄉新生村的眉原社）時，也是由阿敦當嚮導。

## 一趟「生番」部落的旅行

3位白人、阿敦與臉頰刺青的老婆（布勒克記為是另一巴宰人的配偶）、2位揹行李的平埔青年、甘牧師的忠僕（可能仍是上次陪來叫Peng Ong-「平旺？」的童僕），一行8人（大概）於11月6日出發，進行「三天兩夜遊」。至於史大個子的「忠僕」呢？「王嘉寧可待在埔社，等我們回來，以策安全，」史蒂瑞一定對王嘉頗不以為然，但才剛彎過一座山頭，他心裡就嘀咕著：「也許我們每人都有是否可安全回來的疑慮，但只要蘇格蘭、英格蘭、美利堅3個民族的人湊在一起，沒有人會先行退縮的。」此話含著弦外之音，道盡蘇、英、美3個民族間的微妙情結。

他們順著眉溪溪谷東行，兩旁至少千呎以上的山丘高聳，溪北的山滿佈矮橡樹、松樹、雜草；溪南卻充滿熱帶氣息，長滿桫欏（tree ferns）、籐，以及掛滿樹林的攀爬植物。土質相同，但差異這麼大，令史蒂瑞百思不解。

經過2小時的跋涉，在河的另端高處有幾個「生番」正在捕魚，阿敦與他的女人涉水前去交涉，「他們矮小，幾乎未穿衣物，顯露萎縮的表情，攜帶老舊火繩槍、山刀，對我們的槍枝露出好奇、畏懼的神色，」史蒂瑞認為他們是可憐的人種，但對其獵頭習俗頗不以為然：「只敢像豹子，躲在暗處偷襲；不像大丈夫敢與對手面對面交戰。」當時賽德克族身高為158.5公分，即使在原住民族中也算是矮的。

他們繼續順溪谷前進，中午時分來到岸邊高處種有旱稻的小空地，阿敦叫了好久，驚醒2位看顧水牛的牧童，問完方向，穿過足足有一人高的雜草區，然後再下到溪谷，進入逐漸有人煙的地方。溪南高聳的山坡地有多處墾殖過的農地，小茅屋散佈其間，居民狐疑的窺視這群不速之客。他們用禮物引誘幾位土人下到谷底，並希望能帶路去深山內的部落，土著表示太危險了，「那裡的人抓到一個漢人，正飲酒狂歡，準備砍斷那漢子的頭，」阿敦聞言，臉色大變，也不願前往。

無奈，只好接受一位老人的「邀請」，投宿他家，雖然他看起來很勉強。他的住處遠在半哩外、數百呎高的山上。一路難行，史蒂瑞發現台灣原住民，都是在類似的高山山坡地種植糧食，「砍掉小樹、放火燒燬大樹，用石板圍地，以免土石被雨水沖失，然後種些甘藷、芋頭、小米之類的雜糧，從不用灌溉。這裡的土壤看起來相當肥沃。」

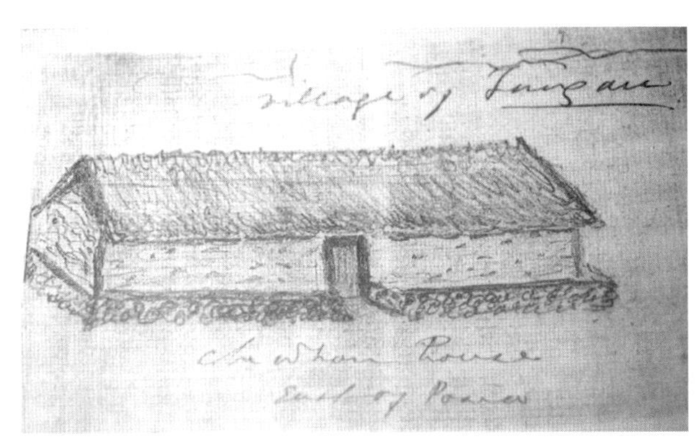

▲ 東眼社長屋（Steere）

茅屋破破爛爛的，不像適合居住之所。根據布勒克的說法，這個地方是收成作物期間的臨時住所。此地人在山坡挖洞，地基覆蓋石板，用樹幹、樹枝架樑、造壁，上鋪茅草即成，是屬於半豎穴式木屋。一行走近時，屋內竄出一位婦女、一位11歲左右的女孩，頭也不回的逃進林叢，阿敦與老屋主叫了半天，她們才敢回來。主人替他們準備晚餐，甘牧師的僕人深諳「君子遠庖廚」的道理，「他說假如我們想吃的話，那就不要看烹煮過程。不過已餓得發慌，哪還管什麼味道、乾淨與否這些微末小節，」大個子入鄉隨俗，不過住的問題可無法隨遇而安了。

成群的跳蚤從狗身上、屋內乾草堆爬出，找上遠來之客，他們只好搬到唯一可遮風避日的穀倉下面住。穀倉用柱子四面架高、離地4到5呎，每根柱頂近懸空穀倉處，各有一個圓木蓋朝下，防止松鼠之類的動物爬上取食。他們用乾草鋪在穀倉下面，上覆草蓆，迎風面掛上毛毯，總算有了安身之地。

▲ 東眼（眉溪）社穀倉（Joseph Steere）

他們就在穀倉下吃主人準備的雜糧稀飯，吃剩的傳給陪來的土著，最後才輪到主人一家進食。看起來「迎賓宴」挺寒酸的；放心，布勒克在〈台灣中部內山行〉加了「一些甘藷、芋頭」兩道菜。此時，他們道來的消息已傳遍整個山谷，於是訪客開始擁入。「幾個男人、男孩是首批來賓，穿著粗麻布無袖短胴衣，大腿部裸露；其中2、3個只在陰部掛著淡紅色狗毛織成的圍兜（丁字帶），似乎來自另一友善部落。3、4名魁梧、紋面（黥面）的女人得知我們是友善的人種後，開始很不客氣的仔細檢察我們的衣物、身體，拉拉鬍鬚，看是不是真的從肉裡長出來；還捲起褲管，比較腳部膚色是否與手、臉的一樣。他們也是乞討大師，不給東西賴著不肯走，直到拿出專為應付這種危機而準備的針、梳子，才打發走。應付完，捲起毛毯呼呼大睡。」但是隔晨，又來了一堆聞風而至，只討禮物，但不願帶他們深入山區的「朋友」。

## 東眼社的土著

史蒂瑞一早帶著槍，爬上更高的山，發現森林充滿各種鳥類及野生動物，但樹林太密，根本無法看到牠們，遑論獵獲了，只撿拾到幾種貝殼。早餐仍是稀飯，但外加野禽煮成的湯。

飯後，原先不肯再帶隊入山的阿敦，發現假如不繼續前進，他的報酬勢必大為減少，於是同意續行，但同來的「番婦」先行回埔里去了（布氏文載）。一行人仍順著溪谷東行，每遇年長的土人，阿敦就停步與其寒暄，並徵得土民的同意借道。山谷越來越窄、山勢越來越險峻，從埔里一直東行的他們，此時轉往眉溪東北方來的支流南山溪—漢人俗稱「嘸回頭溪」，人煙、農地越來越少，谷旁高山長滿茅草、榿樹，以及20多呎高的溫帶小樹。

午後，一行終於離開溪谷，爬過一座種滿甘藷的陡山，在山脊處，赫然露出約有40座茅屋、40個穀倉的散村。他們進村時，村民扶老攜幼由另一個方向逃進林中，得等阿敦一再保證，她們才敢回來。都是婦孺，男人全外出，只留3、4位受傷或生病的男子。一位跛腳男人指著一座空屋，允許他們住下。

史氏未交代大部分的男人之去向，甘為霖在《台灣隨筆》（*Sketches from Formosa*）補充了這點：「埔里的熟番在以貨易貨交易過程，欺騙了這裡的霧番（Bu-hwan）部落，因此所有的男人都去參加部落的戰爭會議。」甘氏也用「致霧番」（tur-u-wan）通稱這裡的原泰雅賽德克亞族（2008年4月改稱為賽德克族，成為台灣的第14個原住民族），這個名詞是清末較正式的稱呼。

史蒂瑞未於文中提到這村的地名，也沒書明上述兩溪溪名。幸好在他畫的一幅鉛筆畫上，他留下village of Tungan, 才得以推斷出此地位於今仁愛鄉南豐村，南東眼山南方山麓，眉溪與支流南山溪交會處的右邊河階上方，現地名就叫南山溪，當時稱為東眼社或眉溪社，「東眼」意指山凹處或產燧石之地。日治時代稱為土岡社，即是東眼社的發音轉來。

土著的住屋型式相同，長約30呎，寬15呎，掘土深2、3呎，無窗，只有一門作為出入口；粗石塞進木柱、樹枝編織成的四圍，成3、4呎高的石牆；屋頂覆蓋茅草。由於室內潮濕如獸穴，加上雖才下午3點左右，但黑漆漆的，伸手不見五指，所以史氏等人寧可待在室外凸出的高牆上。

不一會，又被人群包圍，這次來的不是「觀光客」，而是病患。土著有的腳、足受傷長膿，有的是水腫或其他病痛，吵著要醫藥。但史大個子等人並沒帶任何仙丹在身，只有一瓶碘酒和一隻駱駝毛刷，「我硬著頭皮，對所有自願上門就診者施以碘酒療法，居然大受歡迎，至少就當時而言。碘酒受歡迎之因有兩個，第一它有強烈的刺激性，使患者認為效果很大；再者色澤明顯，患者可欣賞到它。不多久，所有病人患部淡褐色的皮膚，都被我點成深褐色的斑點」。史「醫師」得意洋洋的寫道。布勒克提到還帶了「提神醒腦」的阿摩尼亞，製造不少的「笑果」。

他們一度走到村外，阿敦覺得情勢有點蹊蹺，於是又回到草屋附近。到底發生什麼事？甘牧師補充如下，「此地流傳我們是來報復的謠言，土人拒絕與我們接觸，於是決定離去，選擇偏僻無人之地，露宿野外」。史氏、布氏皆未提及此點，而且皆記載是在屋內過夜。

## 驚見人頭骨架

好動的史蒂瑞在村裡閒逛時，赫然發現一具上擺24個人頭的頭骨架，頭骨以細竹枝、紅布條裝飾，顯然最近才舉行過儀式。架子上大部分是陳年白頭殼，擺放兩端；中間的幾顆仍黏著皮肉，牙齒都已敲掉，被當作項鍊飾物，看起來令人毛骨悚然；居中的上有亭子，當是最新的犧牲者。「我拿出筆記本正要畫下它，阿敦又出面干涉，警告我說土人討厭外人不尊重他們的財產，如此行為勢必危及大家的生命云云」，大畫家施施然收起紙筆離開，「那些頭骨馬上被人移走。」史蒂瑞等人沒有日治初期探險家鳥居龍藏、森丑之助的膽量，後兩者曾偷走3顆鄒族的頭骨，目前還擺在東京大學的標本室！

當畫家不成，作獵人總可以吧。史蒂瑞端起槍，來到林中，有幾位男孩跟隨，熱心的指出鳥藏匿處，還帶他去看他們用葡萄藤作的鞦韆。他為了獵獲躲在竹林的小鳥，進入竹叢，但走出來時，男童看到他像看到鬼似的。「村民看我走近，不是連忙跑開，就是揮手要我離她們遠一點，簡直無法靠近任何人。阿敦用葫蘆瓢裝水，噴灑我的臉、手、胸部，據說這才洗掉黏附在我身體上的惡魔。同伴齊聲訓了我一頓，認為我不應激怒土人，而陷大夥於不利。」史獵人沒因此而收斂，心頭還嘀咕著：「已漸入夜，沒法再作其他探險了。」布勒克則在筆記本寫下：「他被灑了一些塵土在頭頂上，以示靜身。」水與土兩者差太多了，布氏對大個子似乎有點不爽，透過春秋之筆暗中修理，以供後人「景仰」。

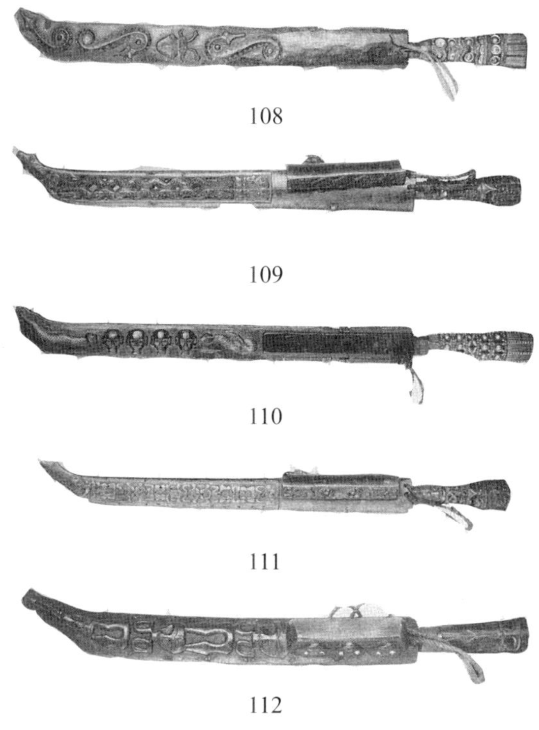

▲原住民各式鐵刀

原來，他誤入東眼社埋葬死人的墳區，觸犯了禁忌（tabu），阿敦告訴史蒂瑞，「社民認為親人死亡後，即變成惡靈，所以遇有人死亡，活者立刻將屍體帶到竹林，草草的蓋上泥土、竹葉，然後跑開，不再聞問。」這種說法並不正確，事實上，包括泰雅、太魯閣及賽德克在內的泛泰雅族的死亡喪葬分為善終與惡死。凡在家中有親屬陪伴而死亡者稱為善終，埋葬在室內死者的床下；自殺、難產、被害、戶外等非自然死亡，是為惡死，或就地埋葬，或戶外覓一地區成墳地，惡死於室內則葬在屋內，但生者棄屋、另建新居。所以我懷疑村民允許他們住的空屋，有可能即是發生過惡死，而棄置的「凶宅」。

他們的住處可供兩戶家庭居住，各有一地灶、一矮竹床，中間擺著樹枝作成的三腳架、上置照明的松木塊。屋椽垂釣幾支掛武器的鉤子，計有舊火槍、長矛、山刀各一對，矛、刀都有漢人的頭髮當綴飾。另有兩個紅色狗毛編織成的袋子、上面裝飾著小珠珠，專用來裝敵人首級。史蒂瑞想用紅布、珠子交換這些武器，但慘遭拒絕；唯一換得到的只有村民用苧麻自織的麻布。

▲織布（Report on the Control of the Aborigines in Formosa, 1911）

同行的僕人與挑夫都驚嚇過度、無心煮飯，有位村婦為客人煮了鍋雜糧粥，「吃起來挺像玉米粥的（corn meal pudding），」史蒂瑞咂著嘴品評道，「送走村民朋友，鋪好草蓆，試著入睡，但竹床實在太小，輾轉反側、半夜數度醒來，懷著滿心的感謝，又昏睡過去。我想，今晚還有漫漫長夜，等待我們再度醒過來。」

泛泰雅族婦女精於紡織，將麻布與各色棉線、毛線滲織，成為俗稱的「番布」或「山地布」，再用這些布作成男性的胴衣、胸衣、背心、丁字帶、披衣；女性的窄袖對襟上衣、胸衣、腰群、膝褲，質料非常堅固、耐用。但須費很長的時間，用傳統原始的織布機（腰掛坐機）織成，史蒂瑞估計「恐怕須花好幾個星期，甚至好幾個月才能完成」。據他的觀察，東眼社男性衣物為用山地布或狗毛織成的胴衣；女性則穿類似馬來的沙龍圍裙（sarong）。

台灣原住民傳統的樂器有嘴琴（口簧琴）、弓琴、口笛、鼻笛、木（竹）鼓，泛泰雅族較廣泛使用嘴琴及署口笛。豎口笛為男性專用，嘴琴是青少年男女傳達情意的橋樑，史氏介紹了後者。嘴琴是在剖半的竹片上挖出細長小凹槽、內鑲一片以上的（黃銅）簧片，竹片兩端綁上細線，吹奏時，左手拿一端、嘴唇就口，以右手扯動細線，如此即可發出聲音。史蒂瑞覺得它像簡陋型的猶太單簧口琴（Jew's harp）、聲音更像，他還聽過幾種不同尺寸大小的嘴琴合奏的音樂會。「嘴琴似乎專屬於年輕婦女及女孩所有，當她們得知我們有意購買時，立即把我們團團圍住，有的還現場演奏，以證明樂器的價值，試圖換取我們的攜來的漢製剪刀、針、珠子。」

▲ 東眼社黥面女子（史蒂瑞繪畫）

## 黥面、紋胸的習俗

史蒂瑞對於女人的紋面雖不敢恭維，倒發了一些篇幅描述，還留下兩幅男女黥面圖傳世。「所謂紋面年輕美女，在我們眼中實在談不上漂亮；但在同族勇士心目中可是大美女。她們在兩耳與上唇人

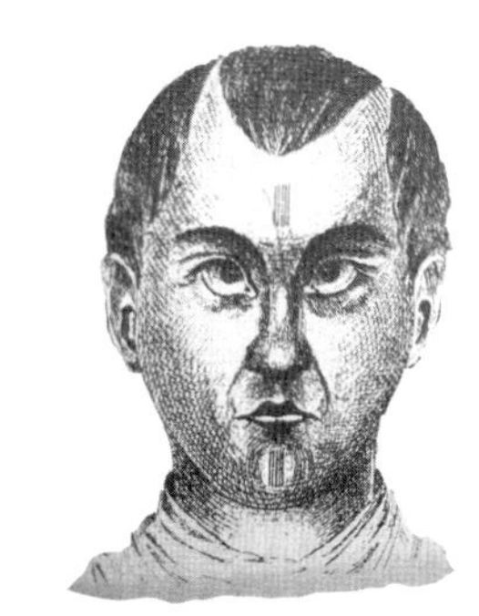

▲ 東眼社黥面男子（史蒂瑞繪製）

▲ 早期泛泰雅族少女鳥嘴（Report on the Control of the Aborigines in Formosa, 1911）

中之間，刺有3條緊鄰的平行線；另3道平行線由耳邊連至嘴角；再3道由耳朵下方連到下巴。3處平行線之間，刺細密網狀紋，交織成一顆顆細鑽石形狀。下臉部這些刺青，剛紋面的少女呈現純黑色，老婦則褪成暗藍色。她們的額頭刺有2、3處長方形額紋，每處含5、6道短平行線；小腿前方也刺上類似這種長方形紋…她們都喜於頭上、耳朵戴上白貝珠作為裝飾」，至於樣式簡單多的男人呢？他繼續道：「部落的男子滿足於僅在前額、下巴刺青，據說每獵一個人頭，可在胸部刺一道紋，以彰顯其勇壯事蹟。松木、檜枝燒製的黑色煙墨是紋面的顏料。」

▲ 泛泰雅族少女紋臉（Report on the Control of the Aborigines in Formosa, 1911）

原住民族中，紋面的只有泛泰雅，以及受其影響的賽夏族；不過泛泰雅女子下臉部刺的「鳥嘴」，賽夏女並沒有。至於胸紋，據早期宮本延人、佐山融吉、何廷瑞等人的調查研究，只在獵首多次，才有資格紋胸。紋胸並非男人的專利，織布技術特佳的女子也有資格。

身處5,000~6,000呎的山區，次晨的天氣寒冷，他們不是被凍醒的，而是又被圍觀的群眾吵醒。他們仍未放棄東部探險計畫，「據說此地離一個大部落（按可能指霧社）不遠，再過去就是島的分水嶺（可能指奇萊山），隔開流向東邊太平洋、西邊台灣海峽的河水…我們離東海岸可能不到15哩，甚至不到10哩的路程，但土著不願提供嚮導，阿敦也嚴据再深入不毛地，」史蒂瑞萬般無奈，只得拿起紙筆記錄住民的語言，「發現此地的語言與熟番的很相近」，然後又當起畫家，「我再度用我的繪畫藝術天份，在病人的患部塗上碘酒。」假如他們成行呢？多半凶多吉少，或許我們看不到甘為霖後來對台灣的種種貢獻，當然也看不到史蒂瑞留下的手搞了。

▲ 泛泰雅族武士（Report on the Control of the Aborigines in Formosa, 1911）

## 賽德克巴萊「出草」

他們於當天上午離開東眼社回埔里，借屋的跛腳老頭陪伴他們一段下山的路程。在眉溪一渡河處，首度碰見全副武裝的賽德克戰士，「約有近20名，有的狀似酋長或頭人，側揹首級袋、頸掛人牙項鍊。都穿著只及大腿上半的麻質胴衣；打赤腳長年奔走山區，使其堅硬的足部呈扁平狀，腳趾分叉、大腳趾甚至於彎向腳跟。每個人都攜帶長矛、大山刀，以及裝食物的網袋。似乎專程在等我們，成一列、靜靜的尾隨於後。」

每過一哩許，就有7位巴萊（戰士）加入尾隨的行列，到最後竟達近40名。幾位只有15、16歲，但看起來像他們的前輩那麼意志堅定，「也許每個半大的男孩，正想像當他帶著一顆人頭，光榮回社的時刻，即將舉行的盛宴、榮耀，與黥面的少女結婚等事，還有，心愛的她正焦急的等待佳音呢！」

史蒂瑞確切知道這些土著是為了「出草」而來的，但不確定他們是否為其立即的目標。「但我們的頭也是頭，對他們一樣珍貴，假如遭攻擊，唯一能保護我們的，就只有隨身的武器了。」一些土著走在他們的前面，一些尾隨在後，曾試圖插入隊伍中間，「但我們緊緊走在一起，使其無機可乘。甘先生手撐結實的胡桃木杖、走在隊伍最前面，那是他維持牧師尊嚴僅容許的武器。布勒克居次，然後是漢僕、阿敦、熟番挑夫，我墊後。」

「土著一度包圍我們，似乎有隨時可能發生攻擊的危險，我大聲問布勒克槍枝子彈是否已上膛，並要他見有危機立刻開槍。甘牧師聞言轉身，駭異的說：『殺害任何土著是件可怕的事，我寧可不抵抗，讓他們砍掉我們的頭』，我與老布不以為然，提醒他在這生死交關之際，每人都有權利作自己的選擇。」

「我們繼續快速、沉默的疾行，老布與我的槍都已上膛、食指輕摳扳機，恰有隻烏鴉從頭頂上方飛過，我舉槍射擊，它就掉下，落在我們前頭。土著發出一陣驚叫聲，有人跑向前撿拾，拿回給同伴看。而我們則繼續前進。」史蒂瑞輕描淡寫這幕戲劇化的場面，發生的時間在午前。不過他未提到下述的「射中樹葉」事件。

但甘為霖的記憶卻不同，而且更富戲劇性：「約下午2時許，武裝戰士增加至5、60人…以半圓形圍堵我們，史蒂瑞在巴西、太平洋小島有豐富經驗，知道如何應付土著，他高瘦、骨架大，只穿襪子就有6呎4吋高（193公分）。不久前他才露了一手射鳥功夫，現在他又撿起一些樹葉，固定於12碼外的樹幹上，回到原位，舉起6發左輪手槍，快速連射，子彈全數貫穿樹葉，霧番戰士像觸了雷電似的嚇一大跳，我們命令他們走在前頭，之後便一個個悄然消失，我們得以平安的走回埔里。」

我們得知史蒂瑞的身高，即是甘牧師在此處透露的。但兩者對「槍擊事件」為何記載相差如此之大？有可能甘牧師記憶錯誤、張冠李戴，把不同的地方、不同人的事蹟，無心的誤套在這裡；但更可能我們的神槍手不但打下烏鴉，而且射穿樹葉，只是他太謙虛，未記下後者。更奇怪的是老布居然對這種驚險、緊張、刺激的場面隻字未提。射樹葉的場景可能發生在下一段。

他們約在中午離開山區，來到中立地帶，在樹蔭下吃午餐，武裝土著仍然緊跟在後，「正進食時，有位身穿刺繡胴衣、頭戴白貝珠、耳垂白貝片，打扮奇特的陌生年輕戰士走到我們前面，他說30個部落的總頭目阿畏亞丹（Awiatan，甘氏用A-ui-a-tan）在不遠處，正帶領80名戰士趕過來，希望與我們會面。我們很禮貌的婉拒，表示很榮幸有機會與阿畏亞丹酋長見面，但今晚必須回到埔社朋友那裡。用過午餐，繼續前進，離開那群土著，從此再也沒見到他們。」阿畏亞丹應是當時賽德克族霧社群（德奇塔雅群）的總頭目，甘牧師曾於同年5月中旬與其見過面。

當晚回到烏牛欄社，社民很高興看到他們平安歸來，熱烈的歡迎他們。走遍全世界的史蒂瑞將各地獵頭習俗略作比較，他認為這種與馬來族、婆羅洲戴亞克族（Dyaks）、菲律賓原住民族共有的獵頭行為，是他們的傳統，而為了報復不斷侵占他們土地的漢人，更加強了這種傾向。不過他對山區土著危害埔里人的行為，深不以為然，「殺害熟番並非出於報復，這顯露出生番是為了自私的理由而出草。熟番每年為維持和平，向生番納貢米糧、水牛，但每年仍有近20人被馘首，死者的親人知道他們的首級被當作裝飾品，正供奉在深山的部落呢！」

# 日薄西山巴宰族——史蒂瑞大社、內社紀行

1873年10月23日下午美國博物學家史蒂瑞（Joseph Steere）與英國駐打狗領事館員布勒克（T.L. Bullock）抵埔里烏牛欄社（愛蘭），與先抵達埔里社的甘為霖牧師（William Campbell）會合；11月上旬6日～8日，史蒂瑞、布勒克與甘為霖牧師結束訪問賽德克亞族霧社群東眼社（眉溪社）後，在埔里再待了2天，可能於11月11日出發，赴台中市的神岡走訪巴宰族岸裡大社。

上述日期無法確定，只能由史蒂瑞等人所留下的記載，再參考密西根大學的資料，大致推估出來。根據布勒克的說法，在埔里社待了2週（stayed a fortnight），包括3天東眼社之旅在內，如是，則約於11月6或7日離開埔里。日期無法確定，乃由於他們3人所留的資料不夠詳盡所致，而史氏的注意力大部分集中在動植物、土著語言、服飾的蒐集，對於日期、土著人數與身高等細節，較未留意；同時他很多文章是隔一段時間後，才整理出來，有時難免前後矛盾，這是在閱讀原文時，須加以留意之處。

## 埔里——阿罩霧之旅

他們約在11月11日離開埔里，當地的巴宰族基督信徒，遠從盆地各村社趕到烏牛欄（愛蘭）送行；有的甚至陪他們涉渡大肚溪上游烏溪多次，才在依依不捨、互道「平安」聲中，握手告別。他們由一隊武裝的埔社年輕人護衛，加上一些要到外面做生意的人同行，一行共約50人，浩浩蕩蕩的穿過泰雅族的地盤向西邊2天行程外的豐原、神岡前進。

第一天完全順著眉溪、南港溪會流成的烏溪溪谷西行，溪谷狹小，河水切穿而過的山丘險峻，行人必須經常涉渡深及史蒂瑞腰身、土著頸部的湍流而

過。這條路即姚瑩在〈埔里社記略〉（收於《東槎記略》）所提的「烏溪為入社北路，自彰化縣東經北投北行，過草鞋墩至內木柵、阿發埔渡溪東北行至火焰山下，五里過大平林，入山十里，逾內龜洋，至外國勝埔，更渡溪而南二十五里，至埔里社」；只不過他們反過來而已。

中午時分，一行人耳聞山徑旁不遠林間，有鹿發出哀鳴聲，以為是被「生番」所設陷阱夾住，平埔壯士趕往一看，卻是一隻大老鷹正掐住小羌。老鷹見有人蹤，立即夾起小羌振翼高飛，眾人來不及填彈射擊，只能徒呼負負，直說天父沒賞賜這隻羌仔。

近傍晚時刻，路經溪谷旁一處原是數百名平埔「熟番」（Sekwhans）曾居住過的廢村，房子的土牆、灌溉溝渠、梯形台地尚在，但已野草蔓生，顯露頹敗的景象。據說該村曾遭「生番」（the savages）連續攻擊，喪生了100名男人，最後被迫遷村。南投縣境內、埔里盆地附近的平埔族群，並不限於巴宰族，其他尚有洪雅、道卡斯、巴布薩、拍瀑拉等族，遷村的究屬何族，老史並未說明。

過了廢村、步出峽谷，河流擺脫山的束縛，放寬至200呎以上，河水極淺，但兩旁巨大圓石密佈的乾河床少說也有300呎。一行人就在不遠的小支流旁，一處有幾間供過往旅客打尖的草屋過夜。他們生起營火，有的鑽進森林打獵、有的在溪中撈魚。晚飯後，舉行祈禱儀式，森林深處熊熊的火焰旁響起平埔人幽揚的聖歌聲。

隔（12）日上午，越過一座極高的山，再下到溪谷，河水把數百呎高的山壁切穿數處，有些只幾呎寬，僅容一個人身。溪岸盡是巨石、鵝卵石、粗沙礫，露出已全部或部分變成木炭的樹幹。

溪谷逐漸寬廣，史蒂瑞由光禿禿的山丘景觀，判斷已進入漢人的勢力範圍。山上每隔一段距離，即有「望樓」（watch houses），也就是俗稱的隘寮或槍櫃，用來警戒土著的侵襲，一行人經過時，望樓內的隘丁敲打中空的木鼓或竹鼓，通知下一個望樓或附近的農民。據伊能嘉矩實地走訪大嵙崁溪（今大漢溪）上游的隘寮，發現隘丁係以不同的連續鼓聲，向自己人通報什麼

▲埔里仍有望樓遺址（陳政三攝）

樣的人通過附近，譬如外界異族進來，則鼓聲短促；村落內自己人進出，則鼓聲間隔較長。

「這些小望樓駐在地，經常是漢人與土著刀刃相向、血流成河的地點。我們路過一處曾被土著深夜包圍、堆草火燒的隘寮，裡面守望的隘丁全被燒死。類似的望樓都是由私人出資支持，台灣政府當局未設類似的邊境防禦體系，任由人民自力救濟、自生自滅。」史蒂瑞由同行的平埔口中，得知上述情事。

這種隘墾組織，以新竹北埔姜秀鑾家族的「金廣福」墾號，以及苗栗南庄黃南球家族的「廣泰成」墾號最為有名，基本上是官方樂觀其成、民間墾首投資設立的「土地開發公司」型態。墾首有可能也兼為隘首，但大半是包給地方角頭的大隘首「抱隘」，大隘首或自僱壯丁，或再轉手予小隘首承包。這些大、小隘首，以及所募隘丁不全是漢人，也有平埔或深山土著的情形。根據吳學明

〈北部台灣的隘墾組織——以金廣福為例〉之研究，擔任守衛的隘丁，大多是流民、孤客出身的羅漢腳，除了向隘首取得固定糧食外，多以射獵為生，或隻身入山抽藤、採樵、煎（樟）腦增加收入，也有取得土地兼事開墾工作，俾能成家立業者。頭家在每年三節另有豬肉2、3斤之犒賞，以及「七月半普渡」賞宴一日。

進入隘寮連成的防衛線內，就時可見到漢人在山上伐木、抽藤、採樵。一行來到彰化城東邊的大平原，轉向北行。當晚夜宿一位好客的鄉紳住處，他擁有大片租給佃農的蔗田，也是附近山區望樓的金主。「他懸賞每獵到一個生番頭即給5元的高額獎金，因此蒐集不少的展示品。他過著不似普通漢人的生活，挺像美國大農場的地主，他住的地方雖只是座落在大片農地中的小村，但所有的佃農都散居在他的土地上。甘蔗正收成，我們參觀了製糖過程，以及粗製成的又黑又髒的赤糖（brown sugar）。」

## 霧峰林家的盛宴

依史蒂瑞走的路線判斷，他們可能到了阿罩霧（今霧峰）附近，而如果這個推論正確的話，那麼這位好客、有錢的大地主極可能是霧峰林家。霧峰林家從林定邦（下厝林家）、林奠國（頂厝林家）兄弟一代逐漸發跡，到定邦子林文察、林文明率台勇至福建打太平天國長毛軍，分別官至提督、副將；林文察也曾平定同治初期台灣的戴潮春、林日成、洪欉事件，清廷賞賜了福建全省（含台灣）的樟腦專賣權，因此成為鉅富。但林文察在同治三年十二月（1865年元月）戰死於漳州萬松關，被林家霸佔田產的洪欉、林日成遺族開始結合地方官員共同打擊、壓制林家。閩浙總督英桂也有意制裁林家，乃派林家之政敵凌定國（曾任彰化縣、後任省方委員，1874年任台灣知府）與彰化知縣王文棨執行公審，1870年4月下旬，在未經合法奏革，即以「謀叛」罪嫌，在彰化縣公堂將林文明就地正法。林家雖經長達10年的4次「京控」，但終不了了之。

據巴宰族內社末代頭目阿敦阿委的嫡孫潘大和《平埔巴宰族滄桑史》記載，林文察少年時，曾接受巴宰的槍法、箭法和武功的訓練，與該族相好，被謔稱為「盜仔」，他的打太平天國的台勇陣中，十有七八乃中部的平埔族，內含5、6,000千名招自神岡的巴宰族，另有部分為龍井鄉的拍瀑拉族。而林家也從不歧視平埔族，這就是為什麼陪同甘牧師等3人的巴宰勇士，有可能帶他們投宿林家宅邸的另一個推測。

1873年11月中旬史蒂瑞一行至霧峰時，林文察之子「目仔少爺」林朝棟（1851～1904）才23歲，所以不是由他出面招待，出面的可能是文字輩的文彩、文鳳、文典、文欽（林獻堂之父）4人中之一。菜式極為「澎派」，吃得賓客嘴角冒油，雖衛生欠佳，但也只能說那時尚無「公筷母匙」了，「主人備妥至少12道以上道地的漢人食物，有新鮮的雞、鴨、鵝、魚肉等，都剁成小塊擺在碗公裡，方便吃食者用筷子夾起，另有多道蔬菜，配上熱茶、燒酒。主人與我們一齊進食，殷勤的用他剛剛放食物進嘴巴的筷子，為我們佈菜；雖然有點那個，但總是入境隨俗了。」

## 巴宰大社

第三天（13日）早上，經過3個小時的步程，終於抵達神岡鄉的大社（Toasia），也就是昔日岸裡大社的根據地與巴宰族的祖居地。「岸」，Bali或Vali原意為「風」，意即來去無蹤，經常不定時遷移之意。「岸裡大社（Luhu luhut）」為多鹿之地的意思，原住罩蘭（今卓蘭）、東勢、后里一帶，稱「罩蘭黥面番」，由字義可知早期該族也有紋面之風；歸化後移居岸裡、神岡等地。至於巴宰族自稱的Pazeh或Vazzehe, 原意「成熟的人」，這是相對於「生番」的自稱。他們稱高山原住民「下土」（Rrahhu），「土番」之意；而稱漢

▲ 2000年立碑的岸里大社北門遺址（神岡大漢街126號旁，陳政三攝）

裔台灣人Taporo。

大社信徒最遲於1871年初，即在潘交根阿打歪的住宅聚會（位於教會左側，隔大豐北街另側），首任傳道人向寶於元月20日派駐該地；同年9月由李庥牧師（Hugh Ritchie）施洗9名信徒，11月建成禮拜堂（今神岡鄉大豐北街85巷內），從此基督教即在當地生根，社民大都是基督徒，第二任傳道人為1873年1月～1879年1月服務於該地的王安崎。這次是甘為霖第三度訪問大社，牧師到來可是件大事，「村民宰了一頭母牛、幾隻豬、一群雞鴨之類的家禽，就在教堂旁搭灶烹煮，全村總動員準備這場盛宴。宴席擺在1874年初擴建的教堂裡，約莫有近50位賓主，食物卻足夠百人食用。」這是當然的，因為教堂外還有更多的孩童正流著口水，靜待宴席終了的「菜尾」。

▲大社基督長老教會（神岡區大豐北街85巷內，陳政三攝）

▲大社長老教會牧師館，甘為霖等牧師來訪即住在以往同地點的牧師館（陳政三攝）

史蒂瑞提及晚飯後，「通事（Tungsou）向我們詳述身為熟番的悲哀，以及常受到漢人的欺壓，希望在英國領事館服務的老布，也許能幫助他們解決一些糾紛。」大社附近肥沃的稻田大部分都已落入漢人的手中，即便巴宰人仍尚留的少數田地，也被沈重的利息負擔壓得喘不過氣來，「唯一脫離困境之法，似乎是遷移至埔社，或是搬到其他漢人魔掌碰觸不到的內山河谷區」，史蒂瑞同情的替他們思索出路。這位通事應是岸裡第二十代總通事潘國恩（1863～81在任），他的妻子潘來以都蘭也是虔誠的教徒。乾隆二十三年（1758），清廷賜岸裡社人「潘」姓，「潘」字有水、有米、有田，遂成為岸裡社的通姓。

▲ 大社潘家古宅（神岡大豐北街49號，陳政三攝）

中部地區平埔族喪失土地，要從巴宰族第一代總土官阿穆派下的「番駙馬」、潮州人張達京（1690～1773）掌權後開始。張達京出任1725～57（或稱至1858）年長達近33年的岸裡五社總通事，與其他5人組成「六館業戶」，共同出資開鑿葫蘆墩圳，引進大甲溪水，圳長40餘里，灌溉台中地區千餘甲地，並透過「割地換水」的方式，向巴宰等中部平埔族取得大量土地。張達京發達後，富甲中部，另娶6個巴宰小老婆。但終因氣焰太高，終於在1758年因侵占「番產」被革除通事職，並且被遣送回籍。但平埔族的田地已被他的後人，及5位投資者的後代瓜分殆盡。

布勒克在大社停留2天左右，即單獨返回南部。史蒂瑞於11月中旬隨甘為霖走訪大社東南10哩外的大南，也即是昔稱番社嶺、今台中市新社區大南里。這裡曾是巴宰族大湳社的故居地，自從客家人入墾後，大湳社乃遷往埔里社盆地，另建同名稱的村落。大南客家庄是史氏來台第一個到訪的客家村，「客家人（Hakkas）在體格上比其他漢人（按指福佬）來得好，膚色較黑。他們的女孩未從小纏足，不像島上大部分的漢人那樣，這也許是他們的後代體格較壯碩之因。」大南在東勢左下方，已近山區，是山區土著下山交易的地方之一，不過史氏只看到2、3位紋面的女人，他由紋面推斷其與埔里東方的東眼社同屬相近的族群，她們的部落就在大南東方不遠處的山上。大南位在台地上，曾是大甲溪流經處，但河流改道由東南較低處流過後，因缺水灌溉，無法生產作物，只長出高大的菅芒與雜草。

▲鯉魚潭水庫（陳政三攝）

## 內社見聞

史蒂瑞與甘為霖於11月18日離開大社，取東北方向，渡過當時旱季水淺的大甲溪、大安溪，來到12哩外鯉魚潭溪畔的內社（Laisia），也即今苗栗三義鄉鯉魚潭水庫附近的鯉魚潭村。據苗栗縣政府民政局已退休的副局長、鯉魚潭教會長老潘大州表示：「鯉魚潭溪又名景山溪，原稱Toroko（哆囉嘓）溪，原義不詳。」Toroko地名可在早期其他地方發現，如昔日紅雅平埔族居住的台南縣東山鄉，原也稱「哆囉嘓社」；太魯閣族自稱Taroko或Ty-lo-kok（郇和用詞），不知兩者可有關係。1858年（咸豐八年）6月，郇和（Robert Swinhoe）搭乘英艦剛強號（*Inflexible*）環航台灣一周，同船的測量員白克禮（William Blakeney）記載挺有意思、但欠缺根據的大魯閣族來源，「根據漢人的說法，這些東岸原住民是荷蘭人的後裔，200年前住在西部平原，後來被漢人海盜集團趕進山裡。他們的膚色較漢人淺，也遠比馬來人白多了」。

到訪的史蒂瑞發現，「此地是個四面環山、富饒的小山村，由兩處外圍竹叢的相近村落組成，村民都是熟番、也全是基督徒，至少我沒在村內看到任何

▲ 鯉魚潭長老教會（陳政三攝）

偶像。」內社最初是由巴宰族岐仔社、蔴薯社於1845年移來；1871年部分大社人為逃避被徵調至大陸平亂，據稱有66名壯士攜帶家眷躲到內社，基督教因此傳入。內社分為頂城（又稱上城）、下城，潘大和認為：「頂城（Ta）、下城（Ba）兩字合音TaBa為『葫蘆的產地之意』，可見當地盛產葫蘆」；不過潘大州向筆者表示：「Taba原為匏瓜（瓢瓜）之意，由於內社原址形狀似瓢瓜，故以TaBa稱之。」後來也以TaBa稱鯉魚潭一帶；漢人則稱之為「番仔城」。

甘牧師、史蒂瑞受到內社社民的熱烈歡迎，「下榻於專為傳教士到訪時住宿之屋，用餐則於長老或執事（the helper）家中。每次用餐結束，穿過村子回住處，總有老婦用關心的眼神注視我們，打招呼道『呷飽啦』（Chiah Pah las）？吃得飽似乎是這群可憐的窮人覺得最幸福的事」，史蒂瑞感嘆道。史氏並未提到教堂及其位置。內社的教堂建於1871年12月，信徒在鯉魚潭溪畔之下城中央，興建一座房屋，內

▲ 鯉魚潭基督長老教會（陳政三攝）

有三房間，除作聚會之所，另供來訪的宣教師使用。教會當時似乎尚未派專人駐守，設兩位長老潘阿踏歪阿馬達（A-Ta-Oai）、潘文良（Bun-Liong），另由潘加苞打歪（Ka-Pau）為執事。其中潘文良於甘牧師這次來訪的隔（1874）年6月遇「番害」，最後促使內社基督徒於1879年遷移至大社，至1882年才又遷返內社。1897年7月中旬，伊能嘉矩走訪「番仔城」，發現「兩區總共有27戶，132人。」1910年，內社教會被劃入北部教區，次年內社改名鯉魚潭。1945年改為鯉魚村，1987年改稱現名鯉魚潭村。1935年4月21日，中部發生墩仔腳大地震，鯉魚潭教會全毀，巴宰人住屋也幾乎全夷為平地，教會一度移至長老住宅聚會，經過六度遷建、重建，目前教會位於鯉魚潭村上山下39號、潘大州長老住宅對面。鯉魚潭村巴宰後裔從2003年起，在潘大州長老的大力推動下，每年在傳統過新年（農曆11月15日）之前，陽曆11月底或12月初，皆舉辦走鏢（賽跑）、牽田（頌祖祭）、銅鑼舞（慶賀狩獵豐收），以及古文物展，用意在傳承文化，可說用心良苦。據了解，目前已成該族每年一度的大事，年輕一代也越來越樂於學習母語。

甘牧師與史蒂瑞到訪時，社民即將於下周割稻，忙著在社門入口處大灶上，蒸餾酒精濃度不高的米酒，該處也成了聚集討論涉及全社公務之地。「南部教會的宣教師都不是美國籍，不要求信徒戒酒，只是希望喝酒稍有節制。數隊獵團帶回三隻野豬，其中一隻大的有對大獠牙，豬身全黑，說不定是漢人飼養的家豬脫欄而出長大成的。」這段描述顯示平埔族仍喜好、並依賴打獵，以取得肉類來源。

## 撈鮮鯉魚潭

抵內社的次（19）日上午，史蒂瑞加入社民的捕魚行列，「近30名男女社民，帶著用四塊錢買來漢人種的魚藤，溯村旁溪水（鯉魚潭溪）而上，進入山中生番活動的區域準備捕魚，男的皆攜帶火繩槍、女的帶著魚簍與食物。約莫走了五、六哩崎嶇難行的溪旁小徑，有時須涉水而過，說是『小徑』實嫌誇大，而是在幾乎沒有溪谷地面可走的情況下，我們抓住溪旁峭壁上的樹木、長草前行，以免掉進水中。接近中午時刻，我快支持不住時，終於抵達溪流一處深潭（a deep pool, 按鯉魚潭），也就是目的地。大家圍坐在大圓石上，火槍擺在伸手可及處，開始用石頭搗碎魚藤，然後放在潭水上游處，不久整個潭水即變成乳白色。」這段敘述提到巴宰人向漢人購買魚藤，但原住民向有使用魚藤毒昏魚蝦、再撈捕之傳統，除非內社附近沒有生產這種植物，而須向漢人購買與泰雅族交換來的、或漢人在山中採收的毒藤。

在等待魚藤毒性發揮效果的時候，社民把裝在小食籃中的米飯、醃甘藍菜、蔭瓜放在大石頭上，三、五成群圍成幾圈，等長老作畢禱告，才開始進食。他們當然會善待貴賓，特別加了一道佳餚給史蒂瑞，「除了一小碟鹿肉，我還吃到最白的米飯。有人看我學他們用手抓食很不熟練，好意的借我一支土製湯匙。」

▲ 巴宰族傳統漁撈器具（陳政三攝）

午飯過後，魚兒開始一隻隻浮出水面，側著身游到岸邊。長老一聲令下，眾人或以矛刺魚或用網撈魚，並順流而下，撈捕已中毒的魚。不過只抓到幾條大魚，史蒂瑞認為這次的行動不算成功，至於原因為何，他摸著頭想不出個道理。

內社人似未使用歸化前的傳統魚籠（Zazuhus），這種捕魚法係在溪中淺水處以石塊築成攔水堤，再於中間缺口處放置竹製的魚籠，竹籠留有缺口，供小魚逃脫，只抓大魚。歸化後另有沖籠（Tagis）、蝦籠（Patailang a kuzum），以及蟹籠（Kahangs）等魚撈法，但都未在這次捕魚中使用，至少史氏未提及。

次（20）日，史蒂瑞與相處一個多月的甘為霖道別，甘牧師回南部，史蒂瑞則繼續北上。本文日期與密西根大學的資料不一樣，密大寫為22日或23日離開內社北上。但根據馬偕日記記載，當年（1873）11月23日在五股坑初次見到高大（193公分）的史蒂瑞，再依據史氏北上夜宿天數，筆者在內社這段行程的日期推估，應是較正確的。

# 史蒂瑞北台行腳

1873年11月20日，史蒂瑞（Joseph B. Steere）揮別南下的甘為霖牧師，以及熱情的內社巴宰人，帶著僕人王嘉北上淡水，去找馬偕牧師（George L. MacKay）。以下是筆者推估的行程，與密西根大學的資料完全不同。

## 北上見聞

11月20日，離開內社，先穿越三義、苗栗間的紅土台地，流經台地的後龍溪兩岸有些梯田，其他灌溉不到的地方則滿佈野草，樹林已被砍光，或燒得只剩樹幹殘株。幾位漢人腦工，用小斧頭把樟木殘幹劈成細塊，再運回村裡蒸煉成樟腦。一棵逃過火焚的大樟樹，直徑長達7、8呎；另有盛開著茶花的野生茶樹，最大的高逾20呎（6.1公尺）、直徑近1呎，史氏認為此地是本島土生茶種的原鄉，總有一天會被認真培植。

過了台地西轉，走向後壠（Oulan, 今後龍）港，港口停滿戎克船（junk），正巧有群剛上岸的唐山客，個個手拿大油傘、揹著包袱，要到內陸依親找工作。由後龍轉東北，即是位於中港溪溪口的中港（Tung-kiang），夜宿一間滿是跳蚤、蟑螂的骯髒小客棧。中港在今苗栗縣竹南鎮，位於中港溪口東北方，嘉慶末年至道光中葉其間，新竹舊港淤塞，中港乃興起；但此時港口也被溪水帶來的泥沙所影響，已漸沒落。

11月21日，頂著強烈的東北季風，加上著名的新竹風，行經客家人佔多數的竹塹（Tekcham，今新竹市），未進城、繼續北行，夜宿小山村。他目前走的是舊官道北段，後壠—竹塹——楊梅壢（楊梅）——中壢——桃仔園（桃園）——龜崙嶺（龜山）——海山口（新莊）——艋舺（萬華），如依行程比例，這個小山村可能是今桃園縣楊梅鎮，當時稱為楊梅壢。

11月22日，一口氣連趕90華里、約30哩路，抵淡水河畔新庄（Sinchin, 今新莊），換渡船直放滬尾（淡水），於晚間抵達。他步上淡水碼頭，興沖沖地揣著介紹信，穿過又黑又髒的街道，才找到馬偕住處。敲門一問，被潑盆冷水，「馬偕不在！」幸好馬偕的學生仍熱情的接待陌生訪客，「爐火馬上升起，幾份美國報紙攤在伸手可及之處，啊！我又回到文明世界了。」

▲ 馬偕牧師

## 喜見馬偕

11月23日，禮拜天，馬偕的學生帶著他搭船，溯淡水河到五股坑（五股）找馬偕。史蒂瑞台語「嘸練轉」，把地名譯成Bangkokee；反之，已在台生活近2年、會講閩南語的馬偕則寫為Go-ko-khi。以下是他們「喜相逢」的情形。

「那天是星期日，我恰好及時趕上晨禱，教堂擠滿沉靜、傾聽福音的信徒」，史氏輕描淡寫、一筆帶過；馬偕可是被史大個嚇一跳，「1873年某個禮拜天，我被一位突然現身的大塊頭陌生人嚇了一跳，他用美國腔直呼我的名字，這位科學家就是在密西根安阿伯（Ann Arbor）大學擔任教職的史蒂瑞，目前正在各國熱帶地區，為大學的博物館蒐集標本」，這是馬偕《遙遠的台灣——福爾摩沙傳道六部曲》（*From Far Formosa*）書中的記載，馬偕用「教授」稱之；但史氏剛畢業即赴海外從事這趟跨國研究旅行，1875年獲榮譽博士、升助理教授，1879年升為教授，所以筆者乃譯成「擔任教職」。

馬偕另於日記寫道，「11月23日，高大、魁梧的美籍人士史蒂瑞，到五股

▲滬尾偕醫館（陳政三攝）

坑來看我」。因此，我們得以確認兩人見面的日期，依這一日，往前可推到他離開內社的日子；往後也可以推出隔年（1874年）3月23日，是他由屏東縣萬金庄回到打狗的確切日。另對照密西根大學所推估的行程，由11月19日離開內社，到25日抵淡水，其間所有的日期完全不正確。

當天下午，史蒂瑞云跟隨馬偕，沿竹林披蔭的小徑，穿過剛收成、堆滿稻草的田野，已成熟的柑仔園，還第一次看到島上少見的小麥田，來到「同一河谷另處有教會的村莊」。他指的地方應是和尚洲，今名蘆洲。馬偕係於1871年12月29日抵打狗（高雄），隔年3月9日到淡水，4月10日租屋，19日正式遷入，而以1872年4月10日租屋日為淡水教會設立紀念日，但淡水教堂要到1875年才蓋好。北部長老教會的第一座教堂在1873年3月2日設於五股坑，第二座為苗栗新港社教堂（同年4月6日），第三座即是6月20日成立的和尚洲教會。

▲ 淡水基督長老教會禮拜堂（陳政三攝）

史蒂瑞看到五股、蘆洲間台灣少見的小麥田，寫道「現在是12月，小麥（wheat）開始成熟了。」由這段敘述，再度看出他對日期的掌握並不正確，往往是過了一段時間才著手寫作，他顯然沒有寫日記的習慣，只憑印象，難免有誤。

從蘆洲回淡水水陸併用，歷經千辛萬苦，大個子記下這段慘況，「晚上，當地一位信徒用船載我們回淡水。信徒不斷變換桅杆帆篷，操舵搶風航行，但技巧不夠純熟，以至於每次搶風調向，都差點使船身翻覆。搞了老半天，似乎仍在原地打轉，船被吹到岸北，眾人看破，紛紛跳船涉水上岸，全身濕透、滿腳泥濘，還得摸黑走上2、3哩崎嶇山路，天又下起雨，一行人跌跌撞撞的，在近午夜時刻，才回到淡水教會。」

稍後幾天的時間，史蒂瑞待在淡水，把內陸蒐集到的標本整理、打包妥當，「交付從淡水裝載茶葉、直航紐約的英船『前進號』（*Onward*）載運」（and in getting them on board the English ship "Onward" which was loading with tea for New York），然後就到雞籠（基隆）去了。他託運的記載，解開台灣烏龍茶輸往美國的航線問題。清末佔台灣總輸出額54%的台茶，有超過90%銷往美國，但絕大部分都是先由淡水運到洋商、華商較集中、港口較佳的的廈門，在廈門改用較大的海舶裝運，或與大陸茶混合後再行外銷。這當然牽涉到淡水港淤塞日漸嚴重，無法容納大型船隻；而廈門港口較佳，且為許多商行的總部、金融

▲ Edward House（東京大學明治新聞雜誌文庫藏）

機構集中地有關。

所以以往研究都寫為自1869年，「台灣烏龍茶之父」德約翰（陶德, John Dodd）用二艘大型戎克帆船，直接運載「台製精選烏龍茶」（choice Formosa tea）到紐約試銷成功後，再也沒有其他類似的直銷記錄。難怪達飛聲（James Davidson）在1903年出版的鉅著《風華美麗島》（*The Island of Formosa, Past and Present*）書中云：「由台灣直接運茶去美國之利潤越來越大，但除了一、二次試驗性質的直銷外，迄無進一步的推動。」不過，德約翰在一篇 "Formosa,"（in *The Scottish Geographical Magazine*, Vol. 11, 1895, pp. 553-570）提到1860年代結束前，每年都用了艘貨船載運台茶行銷美國，其他洋商，繼而廈門、福州商人起而效尤。而史蒂瑞「前進號由淡水運茶到紐約」的記載，釐正了傳統的說法，可以確認早期台美直接貿易是一直存在的。另外，〈1873年英駐淡水署副領事貿易報告〉（"Re-

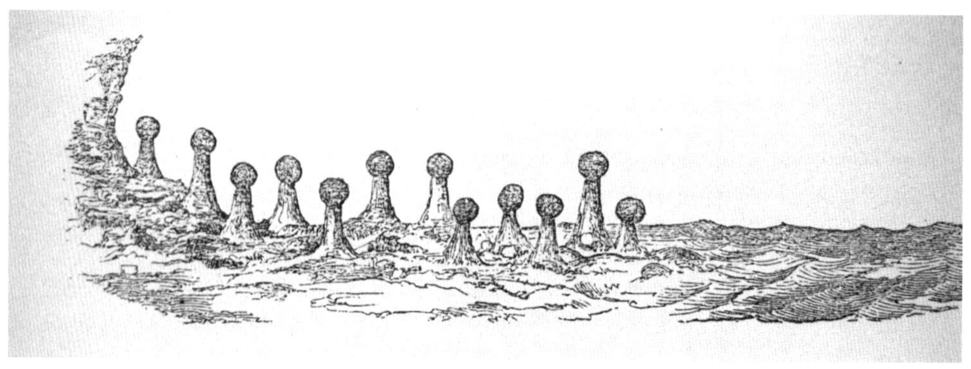

▲ 1854年美國艦隊繪製的雞籠萬人堆（F. Hawks）

port on Foreign Trade at the Port of Tamsuy and Kelung for the Year 1873," p. 112, in IUP, China 11, p. 160）也登載英船「雅拉號」（*Yarra*）從淡水載運800噸茶葉直航紐約。〈1881年淡水海關年報〉（"Tamsui Trade Report, For the Year 1881," p. 6 or p. 總 540）記載1873年有 2,892擔（1擔=1百斤）烏龍茶直接銷往美國，指的就是雅拉號、前進號的直航；不過往後就沒有類似紀錄了。

## 基隆之旅

史蒂瑞選擇搭乘狹長、輕便的煤船，由淡水河轉基隆河，到暖暖後，再步行越過獅球嶺，抵當時仍叫雞籠、1875年改名的基隆。基隆附近產煤，但不由海路運煤到當時北部第一大港淡水，而是利用基隆河順水運到淡水。某日晚間（似在11月29日）漲潮時，他與王嘉搭乘空煤船上溯淡水河，次（30）日清晨已轉進基隆河。

愈往上游，景象越來越荒涼，兩岸山坡地的樹林大都已被砍伐一空，但尚

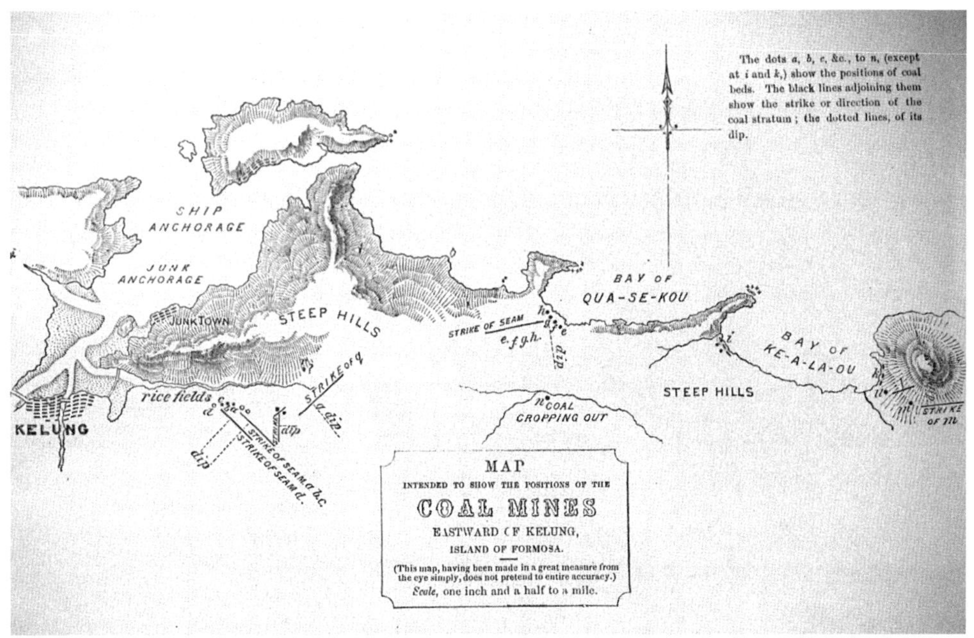


▲ 1854年美國艦隊繪製的雞籠港東邊煤坑位置（F. Hawks）

▲ 1858年的基隆萬人堆，背景是基隆嶼（William Blakeney）

未種植農作物。近中午，航抵一處約莫二十道湍流的河段，「水流太急，無法再操槳，船夫一個個跳入河中，拖拉橫插於船頭的竹竿前進，上游滿載煤炭的船，接連從我們的船旁順流而下；每當我們搭的船卡在淺處，湍急的水聲夾雜使盡吃奶力氣的船夫吆喝聲，譜成一幅緊張刺激的畫面。」他指的連續湍流處，應是五堵到七堵之間的水道。

下午，抵達一處小盆地，經過人工開鑿的山凹處，停滿正在裝載煤炭的船隻，「這裡（按暖暖）只離基隆2、3哩，煤炭是由挑夫從基隆揹過山來的」。由暖暖越過獅球嶺，即到以奇岩怪石聞名的基隆，海港入口處，橫著呈鋸齒狀金字塔形的岩島基隆嶼。

史蒂瑞提到當時基隆港的洋人不到六人，都住在港南近碼頭區。那裡應是大清帝國海關所在，也就是目前火車站前的碼頭附近。漢人城鎮位於北方一哩外、港東平坦的岸邊，應是在大沙灣、二沙灣附近，「幾年前，本地人住的地

▲ 早期基隆大沙灣海水浴場又稱孤拔灣（《台灣地理風俗大系》）

方曾有碼頭，但台灣全島的港口這幾年沙洲到處可見，加上也許是因為逐年隆起的地層所致，使得各地港口淤塞嚴重。以基隆港進口處的棕櫚島（Palm island, 今和平島）為例，那裡裸露出的珊瑚礁年代並不久遠，看得出來是近期才整個浮出水面的。」

基隆港淤積之因，除了上述史氏提的外，主要係因帆船在港內任意傾倒壓艙物，官方不予節制、又不疏浚所致。因此，10年後清法戰爭時（1884～85），退潮後的基隆港成為一片廣大的沙灘，只有一條狹淺的水道從泥灘流過，僅容舢舨通行；法國大型軍艦只能停泊港外，小砲船要等漲潮時才能入港。清法戰後，劉銘傳雖曾購置疏浚船清理港內淤泥，但與其他新政一樣虎頭蛇尾。日治初期，大力清除港口淤沙，建設碼頭、倉儲，1905年完成基隆港更新計畫，才使這個天然良港發光發亮。

史蒂瑞待在基隆一週，每天搭舢舨（sampan）繞港內4、5個小漁村一趟，到處蒐購海貝，「每到一村，立即引來成群男童、婦女，個個手提竹籃，或端竹盤，裡面裝滿各色各樣海貝。有些海貝很好，大多數不佳。我仍然花上好幾小時逐一檢視，再依價值用大清銀錢支付引頸期盼的採集者。」

港內淺水處有活珊瑚礁，珊瑚的種類繁多，五顏六色。有些舢舨打撈起較硬的珊瑚岩塊，運到海灘架起的爐灶處燒成石灰。「我向他們買了不少珊瑚，漁民見我對這玩意兒有興趣，立即潛水撈起很漂亮的樹狀石珊瑚（tree-like Madrepores），以及半球型的大珊瑚（hemispherical Astracos）。有株石珊瑚居然長在破陶壺上，另株則長在錫罐裡，這些瓶瓶罐罐，顯然是過往船隻的廢棄物。珊瑚動物似乎可暴露於無水狀態一段時間，但過1、2小時，就流出大量的液汁，然後死亡……我不停的瘋狂大採購，直到把海關門旁走廊，還有我的房間塞爆為止。仔細清點，基隆附近共約有20種珊瑚。」這段話透露出他下榻於海關宿舍，他另提及「基隆海關二位職員Tituschkin（按Titoushkin）與Land，給予很大的協助」，當是指收容他住在宿舍，以及提供相關資訊方面。根據英國砲船侏儒號（*Dwarf*）船長巴克斯（Bonham Bax）在《東方海域》（*The Eastern Seas*）乙書的記載，T君應是1873年至1874年前後，負責基隆關的俄籍人士；L君可能係1872年曾隨他搭乘侏儒號到蘇澳灣探勘、接洽原住民善待西方船難漂民的英國籍海關人員。

▲昭和時代基隆珊瑚交易市場《台灣地理風俗大系》

基隆產煤，曾引起英、美、法…等國的覬覦，相繼派遣軍艦前來勘察。最早的在道光二十七年（1847），英國海軍上尉吳燈（D. M. Gordon）搭乘保皇黨員號（*Royalist*）至基隆，次年於英國皇家地理學會提出基隆煤礦勘察報告。清法戰爭時，法國攻打並佔領基隆，主要著眼於取得煤炭供作軍艦的動力有關。不過，清廷當局對外國勢力介入全國任何一地之礦產，均採相當排斥的態度，故引起不少的糾紛。1877年11月，沈葆楨聘請英籍工程師翟薩（David Tyzack）督造、成立「八斗官煤廠」，才引進機械化挖煤、小鐵路運輸的西方先進技術。

所以史蒂瑞參觀八斗子煤港（Coal harbor），及附近煤礦區時，尚為傳統的土法採運方式，「煤礦概由漢人投資少許資金經營，就在山壁挖出只比狐狸穴略大的小洞，無法挺直身軀進出；而每當洞內積滿水後，就予以廢棄，另挖一洞。礦坑內滿是積水、泥濘，礦工將挖出的煤炭裝在類似雪橇或平底船之類的載具，拖拉出洞，然後再用人力挑運至1、2哩外的煤港。參觀時，看到礦工幾乎全身赤裸，像騾馬般辛苦的工作。此地煤床很多，到處挖得到煤，但煤層卻不厚。」

「停留基隆一週，該蒐集的、該看的都完成了，束裝返淡水，剛好來得及把最近蒐集品託交上次同艘船（按前進號）（arriving in time to put my last collections on the same ship as the first）。」這段話再度確認，當時有定期或不定期的貨輪，由淡水裝載茶葉直航美國。

## 淡水植物學家之歌

至於他返抵淡水的日期，根據馬偕12月6日的日記，「今天史蒂瑞再度來訪，他撿拾了許多貝殼，有些還是活的；他還把貝殼的知識傳授給我的學生」。由這個確切的日期，筆者據以往前，推測出史氏在基隆活動的期間；對照密西根大學的12月5日赴基隆、17日返淡水的估計，後者是不正確的。

事實上，史蒂瑞不只教學生海洋生物方面的知識，他還會「帶動唱」，馬偕在《遙遠的台灣》提到，有次老史趁他外出幾天，居然參考羅馬拼音的聖歌冊，將音符寫在黑板上，教學生唱起閩南語讚美詩。馬偕回到家中，被歡迎他歸來的學生，所唱出的詩篇第100首（現聖詩編號三一九首）與第121首（現第94首）給嚇一跳，「這兩首歌，被當時受教的學生稱為『植物學家之歌』（the botanist's tunes），迄今仍為新生代的學子所愛唱。」學生為何不稱這兩首聖詩為「人類學家」或「貝類專家」之歌呢？顯見史氏應該傳授不少植物方面的課程。

史蒂瑞兼課的地方，不是1882年才成立的「牛津學堂」（Oxford College），而是較早期類似私塾的本土牧師養成所。除了研究標本、兼課，他時常跟隨馬偕四處旅行，令他印象最深刻的應是溫泉之旅。手稿提及與馬偕上大屯山洗溫泉，「剛開始洗，熱得受不了，但馬上覺得舒服，尤其當強烈的冷風吹來時；泉水嚐起來像醋一樣酸。」下山途經一片種滿鳳梨的坡地，溫泉鄉生長的水果或別有風味，這些鳳梨還遠銷到香港呢！唯一遺憾的是，他們也曾到過開滿白色茶花的山區，但冬茶已採，春茶未至，未能目睹滿山遍野穿紅戴紫、悠然吟唱的採茶女。

## 茶王德約翰夜宴

12月24日，寶順洋行（Dodd & Co.）茶商德約翰，在淡水埤仔頭住處（今空軍氣象聯隊營區內）舉行聖誕宴會，邀請英國領事館、大清海關洋員、其他洋行人員，當然也包括好友馬偕與宴，史蒂瑞住馬偕家，也沾光作陪。至於是否也邀請眷屬參加呢？時年29歲的馬偕仍單身，要到5年後（1878），才娶五股坑的蔥仔（張聰明）。而由史氏的記載，也看不出來；禮貌上，洋人都是併邀眷屬，不過攜眷前來當時號稱「瘴癘之島」的台灣的洋人並不多。

「德約翰邀請馬偕及其他當地洋人，我也沾光作陪。我們搭船逆流而上赴宴，碼頭與庭園亮滿華式燈籠。一進屋內，餐桌擺滿英國罐裝葡萄乾製成的布丁、用冰塊冷凍從香港運來的牛肉烹調成的烤牛肉、火雞等美食。要不是有身穿白袍、垂掛黑髮辮的僕人靜靜地環繞伺候，簡直就好像在家鄉過節一般，真是場賓至如歸的派對！」史蒂瑞追述這場盛宴時，想必仍口水直流。

這場豪宴與清法戰爭期間（1884～85），法國封鎖台灣，在台洋人慘澹過聖誕節的情形，相差不可以道里計。德約翰在筆者譯著(註)的《北台封鎖記》【或修訂版《泡茶走西仔反：清法戰爭台灣外記》】（*Journal of a blockaded resident in North Formosa, during the Franco-Chinese War 1884-85*）（1888）乙書中嘆道：「佳節將屆，想死了紅醋栗、葡萄乾、香櫞、杏仁果的味道。半路出家的麵包師勤翻食譜，想為大家做出可口的聖誕布丁、碎肉餡餅……無奈，又得四處告貸，東借一罐啤酒，西乞一瓶雪莉，加上麵粉、餅乾、芥末、辣椒、鹽巴等等，連特權暴發戶桌上殘留的麵包屑，在我們眼中也如人間美食；但告貸終有限度，苦撐1、2週後，又得勒緊褲帶。」

飯後，眾人幾杯美國威士忌下肚，敞開喉嚨大唱英國歌曲，老史大概從僕人的表情看出端倪，坦承洋人有時也很「番」，但也批評漢人太過於刻板，「飯後大唱英國歌曲，從僕人的表情看來，或許他們正想著『這些洋鬼子平常裝模作樣，現在終於露出馬腳，真是有夠番（savages）』；漢人長久以來拘泥形式、進退有據的教養，似乎已改變他們的赤子之心，以至於很少有放浪形骸的時候。」

他對德約翰介紹頗詳、讚賞有加，「德約翰是長住本島最早的歐洲人之一，經常到山區晃蕩，講了一些有趣的冒險故事。有次他加入土著的大型圍獵，部落總動員堵成一圈，把鹿、熊，偶而還有雲豹逼至角落，然後再用長矛刺殺。他致力於此島的商機拓展，尤其在栽植茶樹、製造茶葉方面更是成就非凡。初抵台時，遭受很多漢人的刁難、攻擊，但他勇敢的面對挑釁，終於贏得大家的敬重。」

▲ 茶行（John Thomson）

史蒂瑞所未提及、有關德約翰的部分仍多。德約翰對台灣的貢獻值得大書

▲ 大稻埕迎城煌

▲ 大稻埕太平町市場

特書，他的到來揭開台灣經濟發展的契機。他是蘇格蘭人，1860年以顛地洋行（Dent & Co.）雇員的身份來台考察商機，1864年在淡水定居，兼顛地行代理人；1866年引進安溪茶苗；次年首創機器化製茶、將精選的烏龍茶試銷澳門獲得成功，1867年顛地洋行倒閉，從該年5月起轉為怡和洋行（Jardine, Matheson & Co.）的代理商，並承襲顛地洋行在清國與香港的中文商號「寶順洋行」名稱，自創在北台的「寶順洋行」；1868年將台茶直接運到美國檢驗並試銷；1869年首創以兩艘帆船載運台產精選烏龍茶直銷紐約，因品質佳，備受歡迎，遂引起其他洋行、台商競相投入，開啟北台的茶香歲月，大稻埕成了洋行、茶行集中地，台茶躍居外銷最大宗。

根據海關資料，1868至94年間，茶、糖、樟腦的出口值分別為此時期台灣出口總值的54%、36%，與4%。同時期，茶佔北部出口值的90%，樟腦佔5%；而糖則佔南台總出口值的89%，可謂呈現「北茶、南糖」的現象。台茶大部分外銷美國，據〈1882～91年淡水海關10年報告書〉，台茶90%輸往美國，7%輸英國，3%輸往新加坡、馬來西亞一帶。

由上述的統計資料，可以看出德約翰對台灣的貢獻及影響。除了茶葉，他兼為鴉片商、樟腦商，也曾代理過美國駐淡水副領事、荷蘭領事，替香港英文報《孖剌西報》（*Hongkong Daily Press*）撰寫報導，更是早期深入台灣內地的探險家、暴風雨中勇救法國失事船員的游泳健將，生活得多采多姿。他因受傷跛腳、拄拐杖，綽號「三腳仔」，使用過的名字另有德約翰、力絨士、突得來、突來德。他離台日期有兩種說法：真理大學馬偕紀念資料館記載德約翰離台返英之前，於1889年2月18日贈一口舊鐘給牛津學堂，上刻 "1840, Quintin Leith", 此鐘現存台灣神學院，仍堪使用；根據陳宏文翻譯、已刊行的中文版《馬偕博士日記》，上載「德約翰於1890年2月18日致贈大鐘予牛津學堂，3月3日啟程離台返英」。他是否還曾來台，不得而知；惟寶順洋行仍續營業至1895年初；但1896年日本領台後，寶順已不在洋行名單中。

至於史蒂瑞提到德約翰遭到什麼刁難呢？最著名的是1868年10月「艋舺租屋案」，寶順洋行經理嘉姓（Crawford Kerr, 或譯為吉爾）與職員貝爾德

（Godfrey Bird）被反對該行在萬華租屋的民眾打得半死，美、英各一艘砲船趕來處理，最後議定萬華黃姓角頭賠償洋銀4,000元，交出4名頂罪「首犯」戴枷示眾；不過，洋行仍無法在該地租屋。Crawford Kerr的後代George Kerr（葛超智, 1911～1992卒，可能是孫子輩）非常有名，美國賓州人，1935-37年在日本讀書，1937-40曾來台習中文間教書，228事件期間為美國駐台副領事（1945-47），著有*Formosa Betrayed*（Boston: Houghton-Mifflin, 1965），後由陳榮成譯成中文版《被出賣的台灣》（台北：前衛，1991）。

萬華排外的行為，導致洋行轉到大稻埕（今迪化街附近）發展，開啟大稻埕的茶香歲月；反之萬華遂逐漸沒落。而為寶順工作的「番勢」買辦李春生，則被官方論定為「平時生理刻剝，不合眾心……賈成此案，該商（按德約翰）亦願將伊退斥，另雇他人。」李仔春成了代罪羔羊、失了業，不過後來奮鬥成「本土茶王」，躍居全台第二富，僅次於板橋林家。該案發生時，美國駐廈門領事李仙得將軍（Charles Le Gendre）聞訊，立即搭兵船趕來處理，原因無他，因為蘇格蘭人德約翰正是美國駐淡水的兼差副領事，而且係由李仙得推薦、任命的。

言歸正傳，吃完聖誕大餐，隨即有壞消息傳來。史蒂瑞僅記載有2人從苗栗新港趕來，通報有一位本地傳道人、也是馬偕的學生，在山區傳道站附近，被土著馘首，無頭屍體掉進山谷。次晨，馬偕拿幾塊錢給報訊者，要他們找出屍體，好生安葬。

根據《馬偕日記英文版》，以及甘為霖通信，得知此人就是馬偕的第二個學生許銳，曾先求教於李庥牧師（Hugh Ritchie），後被推荐給馬偕，與第一位學生嚴清華同時受教；許銳結業後，被派到新港社（今苗栗縣後龍鎮新港）主持教會，並進入獅潭底（苗栗獅潭鄉）傳教。《馬偕日記英文版》(pp. 106-107)12月25日記載「銳在山區被殺害（Joe killed in the mountains）」，12月27日記載「昨晚最慢午夜過後接獲銳的死訊，立即出發先到五股坑。史蒂瑞向我道別（I got words of Joe's death last night at least after mid-night. Left at once for Go-ko-khiN. Steere left me farewell）。」如此看來，馬偕應該是在26日午夜過後、27日清晨接獲惡耗，因為26日日記顯示，他整天還在教書訓練學生(Teaching all day also drilling)。25日日記顯然是補記的。馬偕在27日清晨立刻出發趕往新港，動員道卡斯平埔族新港社教友，幫忙尋找屍體。次年1月1日《馬偕日記英文版》（p. 108）載：「在山裡找到銳的屍骸，訂製一塊墓碑。」

史蒂瑞由11月22日到12月底（可能是30號），一直在淡水、基隆附近活動，台北城牆尚未建築，仍是一片稻田；艋舺、大稻埕如此熱鬧的地方，竟毫無著墨；而且不知為何他未從北台赴不算太遠的噶瑪蘭（宜蘭）？

## 台灣馬經

根據密西根大學的資料，他於12月30日離開淡水。當天，他與幾位淡水英商一齊搭船離開淡水，他的目的地是打狗（高雄），那些英商居然是帶著馬匹要去廈門賽馬，「賽馬似乎是英國人生活必需品，只要有幾打英國人住的地

▲ 英國水兵打馬球（The Illustrated London News）

方，必然有賽馬場賽馬，只不過在清國有時要用較小的馬（ponies）替代。他們攜帶幾匹馬，安置於船艙、保護妥善的大木櫃中，以免因船隻顛簸而受傷。」這段敘述是中西文獻，罕見住台洋人養馬、賽馬的記載。德約翰寫於清法戰爭期間的《北台封鎖記》，曾在1885年4月2日日記，略為提到在板球場（今淡水高爾夫球場）由2人分騎小馬（pony）及驢子（donkey），在長400碼的跑道賽馬-小馬爭氣，擊敗了驢子。另一洋商蓄馬記載為巴克斯船長曾於1871年12月初，向打狗港洋商借了幾匹小馬（Chinese ponies），在海灘供侏儒號軍官賽馬。巴克斯提及福州市洋商界組有賽馬協會（race committee），經常舉行馬賽。由這三項記載，可知19世紀70～80年代，以英國人為主的淡水、打狗的洋商有豢養Chinese ponies的習俗，而且經常跨海至廈門、福州賽馬。他們養的「中國小馬」可能是驢（ass or donkey），或公驢與母馬（mare）交配所生的騾子（mule）。

馬在台灣歷史很少被提及。台灣本無產馬，由荷蘭人引進，荷蘭首任駐台長官宋克（Martinus Sonck）於1625年2月19日致函巴達維亞總督，請求送幾匹配著馬鞍和馬轡的馬來台，「因為馬在此地很令人敬畏，在緊要的時候也很有用，可在野地騎馬追逐、控制當地居民和其他敵人」。1648年6月至1652年之前，在台的德籍傭兵Carspar Schmalkalden於《東西印度驚奇旅行記》提及：「前幾年公司在島上放牧一些馬，他們自行繁衍了不少。…未得公司的命令，任何人均不得捕捉。」參與1661年5月～1662年2月初，熱蘭遮城攻防戰的荷蘭傭兵、瑞士人何波（A. Herport），在日記中記載：「台灣有『很多』野馬……國姓爺的軍隊秩序良好，軍官大多騎馬」，鄭成功陣中有馬信等北將，有馬是當然之事；但「台灣有很多野馬」，可能是當時荷蘭人引進後野放或脫韁之馬大量繁殖所致。

清代首位漢籍巡台御史黃叔璥（1722年7月～1724年8月在台），也在《台海使槎錄》卷三，〈赤嵌筆談〉物產篇提到：「內山有山馬」。這足以證明當時山區有些脫韁野馬，但數量應該不至於到『很多』的地步。

1697（康熙三十六）年來台採硫的郁永河於《裨海紀遊》記載：「（台地）雖設兵萬人，營馬不滿千匹；文武各官乘肩輿，自正印以下，出入皆騎黃犢。市中挽運百物，民間男婦遠適者，皆用犢車」。1714年奉旨來台測繪地圖的馮秉正神父（Fr. De Mailla）稱：「此地馬、騾、驢極少，因此以牛代用…看見漢人得意洋洋地騎在牛背上，像煞騎著歐洲駿馬似的，甚覺好玩」。

1771年倍勇斯基（M.A. Benyowsky）航經台灣，8月27日（一般解讀為26日，有誤）～9月14日（原日記12日有誤）間在東岸盤旋，筆者考證他第二次登陸地點極可能是蘇澳港，日記提到「當地原住民大頭目花寶（Huapo）有支騎兵」；根據筆者請教翁佳音教授，他認為騎的可能是「牛」。1786年林爽文事件，清將海蘭察在八卦山，以20多騎兵勇挫民軍。1866年，英國植物學者柯靈烏（Cuthbert Collingwood）搭海蛇號（*Serpent*）訪台時，布洛克船長（Capt. Charles J. Bullock）宴請淡水最高官員（可能是淡水同知嚴金清），後者居然騎馬赴宴，柯氏云：「在台灣騎馬是相當罕見的情形」。1874年牡丹社事件時，隨軍記者豪士（Edward House）在《征台紀事》（*The Japanese Expedition to Formosa*）提到恆春半島的漢人曾引進馬匹，但被土著抓去吃掉後，就不再飼養；另外，西鄉從道在事件中，確曾攜帶馬匹進來，土著還傳說他的坐騎是黑色駿馬。荷蘭人、西班牙人、明鄭時期，皆曾引進馬匹；清代的「平亂」事件，也有戰馬客串演出。但昔日台灣道路不佳，河流橫亙，使得馬匹無法在台灣的發展史佔有一席之地。

老史有淡水洋商同行，航行期間不再寂寞，他們不失赤子之心，齊坐甲板，比賽誰先受不了。結果一個緊接一個先後跑到扶欄邊，對著台灣海峽大吐苦水，次（31）日抵打狗前，面對波濤洶湧的海浪，無人可以逃過「抓兔子」的命運。

# 平埔村的新港文書——崗仔林紀行

史蒂瑞等人於11月9日離開埔里，中旬訪問巴宰族的大社（今台中市神岡區岸里里與大社里）、內社（苗栗縣三義鄉鯉魚村），然後與甘為霖牧師分道揚鑣，逕自步行北上。11月底至12月底一直在淡水、基隆與台北城附近活動。吃完德約翰（John Dodd）的聖誕大餐，搭船回到打狗（高雄）已是12月31日，準備迎接1874年的到來。

他立即計畫訪問逾250年前，荷蘭人曾統治、教化過的西拉雅平埔族，他們在乾隆年間（1736～95），受到漢人的壓迫，從台南附近的平原，遷居至台南市東部與高雄市旗山以北的丘陵地帶。因其居地較近府城，史蒂瑞決定先到台南，再由當地出發較便利。

## 傳教士的傷心地

1874年1月3日，他跟隨要到府城洽公的李庥牧師（Rev. Hugh Ritchie）由打狗步行出發，當晚夜宿北方8哩處的舊城（Koosia）教堂內，免除了被好奇的民眾圍觀的壓迫感。舊城在今高雄市左營埤子頭，明鄭時期的萬年縣、清初鳳山縣治所在的興隆莊埤仔頭，1787年元月中、乾隆五十一年十一月底「林爽文事件」結束後，縣城遷至坡頭街（今鳳山市），乃稱此地為舊城，發展因而受限，此時「大部分的房屋、城牆已殘破不堪」。

舊城曾是基督教傳教士與信徒的傷心地。1868年4月24日（有記為5月3日（陰曆四月十一））），最早期的信眾之一莊清風，因強迫新婚妻子許云涼入教，在此地被數百名庄人活活打死，據怡和洋行檔案，當時莊清風「白晝竟在大街上遭殺，屍體被切成片，心臟則由膽大者，在鄰近舊城北門予以食用」，成為台灣長老教會第一位殉教的信徒。

李庥（1840～79）是長老教會繼馬雅各醫生（James L. Maxwell）之後，派

▲ 李麻牧師（W. Campbell, An Account of Missionary Success in the Island of Formosa）

駐台灣的第二位傳教士（missionary），也是首任駐台牧師（reverend），1867年12月13日抵打狗，1879年9月29日因熱病卒於府城，年方39，葬在打狗他的3歲即夭折的兒子墓旁。李麻會說閩南語、客家話，所以來台即負責客家人較多的高雄、屏東地區，勤建各地教會，提倡女子教育。李麻夫人繼承遺志，1880～84獲選為首任駐台女宣教師（Lady Missionary），繼續鼓吹女學，終於促成了1887年台南「女學」（Girl's School, 後來的長榮女子中學）的成立。傳教士不一定是牧職，如1865年5月抵台的開創者馬雅各，因不是牧職出身，不能為信徒主持施洗、聖餐工作，這就是為什麼在李麻來台前，曾由廈門臨時派宣為霖牧師（Rev. W.S. Swanson）、汲澧瀾牧師（Rev. Leonard W. Kip）到南台主持施洗、領聖餐儀典的原因。

次（4）日續行，離府城2、3哩外，即看到高聳的城池。他們在北門外經過一個前豎軍旗、旁有小廟的大校場，「這兒就是1842年，清國當局冷酷的處決約200名隨英軍征戰的英籍、馬來西亞、印度籍船難平民的刑場。」處決日為當年7月底，英方堅稱清國將他們的二艘非武裝、擱淺的貨船船員283人斬首；清方則辯稱係為挑釁兵船，且只處死139人，其餘都是在交戰時殺死、溺斃，或因禁時病死。史蒂瑞後來查出正確的斬首人數為197，達飛聲（James Davidson）也寫成相同的人數。在英國強大的

▲ 府城大校場（W. Pickering, Pioneering in Formosa）

軍力優勢壓迫下，已飽嚐鴉片戰爭再三失利的清廷，只得認錯。道光帝由原先初接獲台灣大捷，在奏摺批了「大快人心」、「稍舒積忿」、「全賴爾等智勇兼施，為國宣威；朕嘉悅之懷，筆難罄述」；到最後只好改批成「暫時委屈台灣鎮道，革職而加恩免治其罪」。刑場確切地在今台南市中山公園東北角高地。

英船是否攻打台灣；或只是失事，但被台灣官員拿來炒作、冒功，迄今仍是場羅生門。史蒂瑞相當用功，結束亞洲之旅後，去到大英博物館圖書館，翻閱、抄錄台灣的資料，完成手稿的第二單元「台灣歷史」，其中收有被斬首的乘客顧林（Robert Gully）留下的〈死前獄中3日記〉，讀起來挺令人辛酸的。

史蒂瑞與李庥等人穿過兩扇畫有近9呎高門神的東城門，「門內不遠處空地，後膛槍（breech loaders）與大砲盛行的今日，幾位官兵居然正用弓箭在射靶！」

## 尋找平埔村

▲ 赤崁樓（陳政三攝）

停留府城幾天，為東行作準備。其間，他照例向漁民購買海貝和奇怪的魚類，包括2、3條有毒海蛇，漁民云若處理得當可以吃食。他參觀了1652年「郭懷一事件」後、隔年始建的赤崁樓（fort Provence, 荷蘭人稱Provintia——普羅民遮城；漢文原寫為赤嵌樓），樓址座落在市中小高地，「位於鬧區，裡面除了蝙蝠，並無駐兵，不知為何棄置，除非是出於保護古蹟考量。據說已被紅毛番的鬼魂盤踞了。」他應該沒有聽說堡內地下室監獄，即為32年前曾經囚禁未遭斬首的英俘所在。

▲ 載運甘蔗的牛車隊（柯維思）

史蒂瑞雇用一位苦力挑行李，王嘉照例隨行作翻譯，於元月上旬步行出發。前九哩路沿途種滿稻米、甘蔗，到後來較高的沙質地就只種甘蔗。時值採收期，男的砍蔗、女人與小孩扒葉，再用水牛車運到碾糖廠，即俗稱的「糖廍」碾製。「糖廠用粗竹竿作支架，上頂細竹編成的圓錐形頂架，其上再覆蓋茅草為頂，內裝製糖器具，高近30呎，在平地上大老遠就看得見。」

中午時刻，他們在廟旁老榕樹下茶亭休息、進食。再度出發不久，即抵山區邊緣，放眼望去盡是童山濯濯、到處是泥岩、沙岩、蝕溝、雨溝、半面山，地質為含鹽份的白堊地，俗稱「惡地」或「月世界」。剛開始，是由西向東面山區逐漸緩慢隆起的脆沙岩地層，「一下子，就陷入像波浪起伏、層層疊疊的丘陵地，每座小山丘高度界於30到50呎間，最高的不超過100呎。我們就上上下下，在起伏的山丘間行進。西邊的丘陵地有些海貝、海膽、珊瑚，顯示這裡曾是它們生長的舊海床。土壤貧瘠，只長得出漢人用來作為燃料的粗草，以及

▲ 織布的平埔婦女（柯維思）

矮蘆竹之類的植物，另有許多不用照顧也長得很好的老芒果樹，不知是否為自然生長的植物？」這種地形目前在高雄市岡山、阿蓮、田寮一帶，以及台南市關廟、左鎮的岡林與草山尚仍存在，據耆老云白堊地生產的芒果、龍眼、山藥、山苦瓜、破布子，以及放牧的山羊，味道都極佳。

就這樣，走了幾個小時看不到村舍的荒山野地，只有些採集粗草、矮竹的漢人。傍晚，終於走出惡地，來到一個小山谷，幾位婦女、小孩在掘土豆、照顧豬隻，「從獨特的衣著與長像，看得出是平埔族；由趕來與我們握手、道平安，知道她們是基督徒，」去過埔社、大社、內社，已有許多平埔經驗的史蒂瑞肯定的說。再走不遠，幾間破茅屋、一座小教堂的地方，即是崗仔林（Kon-gana, 今台南市左鎮區岡林里）。說是「村」，實在談不上，大部分村舍散佈在方圓幾哩地之間呢。

「平埔族的臉長得很好看，比漢族俊美，體格也較壯碩，曾是島的主人，原先擁有西岸一帶肥沃的稻田，但現在都喪失了；遷移到貧瘠的丘陵地，收成的稻米須用來抵償負債衍生的利息，自己只吃得起較易種植、較便宜的番薯。他們雖然講閩南語，但衣著、外觀與漢人差異甚大，仍維持長老制的部落傳統，並因傳教士的影響，而『放棄』學自漢人的祖先崇拜（按原文應有誤，adopted似應改為given up）。他們希望傳教士能在政治、財務方面提供更多的協助，而非只有精神、信仰上的撫慰，我們聽到一些抱怨，有教徒因此而對信仰逐漸冷淡。」

這種平埔人希望洋人協助他們抵抗漢人的壓力，是很普遍的情形。史蒂瑞與甘為霖、布勒克在去年11月訪問台中岸裡大社時，總通事潘國恩就曾向他們抱怨受到漢人的欺壓，「還希望在英國領事館服務的老布，也許能幫助他們解決一些糾紛，」史蒂瑞寫道。

抵達當晚，教堂恰有聚會，近20位遠從山區來的信徒，點著火把趕來參加。本土牧師主持儀式結束，教徒唱了幾首自創的聖歌，「藉由聖詩的宣洩，他們似乎忘了煩惱，也忘了嚴厲的漢人債主、地主所給予的壓力。基督教好像來的太遲了，以致於無法讓他們從貧困中解脫，唯一的希望就是移民到東部後山，就如同已經遷居該地的平埔同胞一樣。」

▲西拉雅平埔婦女以兜布斜揹嬰兒（John Thomson）

西拉雅族（Siraya）分為西拉雅亞族（原居台南平原）、大武壟亞族（Taivoran, 台南玉井）、馬卡道亞族（Makatao, 高雄市與屏東縣交界的高屏溪岸），隨著洶湧而至的漢人的壓迫，各亞族逐漸向東、向南遷移，形成相互擠壓現象，乾隆年間（1736～95），西拉雅亞族已移居至台南東方至旗山北方之間丘陵地，大武壟被前者逼至荖濃溪、楠梓仙溪沿河地帶，馬卡道則移往中央山脈南端西側山腳。道光年間（1821～50），以大武壟、馬卡道為主的橫越山脈，遷居台東、花蓮的移民潮展開、並完成。其東遷路線有北路：自荖濃溪上游，越中央山脈，到新武路溪岸；中路：由枋寮經大武至台東；南路：自恆春沿著海岸抵台東；海路：搭乘小船至台東。這是一部血淚交織的後山移民史，一批批平埔移民扶老攜幼，背負僅有的家當，手提簡陋的武器，穿過山區布農族、魯凱族、排灣族、阿美族、卑南族的地盤，僥倖殘存者，才能成為尚未移民的同胞所羨慕的對象。西拉雅亞族移往東部的較少，崗仔林平埔為原居新港社（今台南市新市）的西拉雅亞族，故成了臨淵羨魚之人。

## 崗仔林平埔

▲ 西拉雅平埔男子（John Thomson）

崗仔林教堂興建年代有幾種說法，據賴永祥教授的考據，是在1871年2月以後的事。當年元月6日，馬雅各醫師訪問木柵教會（高雄市內門區木柵里內），得知每禮拜日，大約有三十名崗仔林人，走6哩（約9.6公里）路到木柵參加禮拜，作完禮拜，又是6哩的摸黑回程。因此自從本地的教堂蓋好後，即便仍要點火把摸黑，但路程已近多了。

這樣的長途跋涉作禮拜，與崗仔林平埔頭人李順義比起來，算是小巫見大巫的。據李嘉嵩牧師著的《一百年來》乙書內載，他的曾祖父李順義在本地尚無禮拜堂時，要到高雄旗後看馬雅各醫師，並作禮拜，必須在週六天亮前帶火把出發，向南走足足一天一夜，才能於週日早晨趕上作禮拜。一行人攜帶糧食、防土匪的武器、報平安的信鴿；而返程又是同樣的一天一夜，何其辛苦！因此，李順義乃捐出一塊地，並召集主內同信建造禮拜堂，目前的禮拜堂已在同一地點重建了4次。

根據李家簡譜，相傳祖先來自江蘇省新港府，但該省並無新港府。這當然牽涉到昔日族群歧視問題，使得先住民族群中的部分人，不敢公開承認自己的血統。曾於左鎮當牧師的藍慶和於1999年4月一次左鎮耆老座談會中表示：「本地有兵、買、穆、茅、哀等罕見的姓氏。每當教會聚會時，詢問是不是平埔族後代？大部分人都搖頭，不願意承認自己是『平埔仔』。」

依據早期多位傳教士、必麒麟（William Pickering）、史蒂瑞，以及當地耆老的說法，該地居民為來自台南新港社的平埔族。1865年秋，必麒麟陪同剛抵台灣的馬雅各訪問各地平埔社，曾透過新港社頭人介紹散居各地的族人，第一站就是到崗仔林，碰到的頭目即是李順義，「頭目是族裡最優秀的代表，天性坦白純樸…社民自稱為番，懷念早期的荷蘭人，因而對所有白人有好感…把我們當作久別的紅毛親戚」，必麒麟如此描述平埔人看到他們的喜悅。

李順義大概幫清國平過內亂、械鬥之類的「維持治安」工作，獲軍功加授五品虛銜，四子即是曾在埔里烏牛欄服務的李登炎傳道師，最重要的是他擁有用羅馬拼音寫成的土地買賣契約，也即俗稱「番仔契」的新港文書，這點更可證明他是新港社人，不過他卻把祖傳的廢地契，「當時的廢紙、現在的國寶」廉價讓渡給識貨的史蒂瑞。

▲ 年輕時的必麒麟（Pioneering in Formosa）

## 台灣國寶——新港文書

史蒂瑞描述他如何「竊取」台灣國寶的經過，「抵達不久，本村頭人（按李順義）來訪，他長相英俊，將近6呎高。來此地之前，我已聽說平埔族有很奇怪的手抄文書，一到這裡，立即詢問村民。看到頭人從口袋掏出一張泛黃的紙，仔細一看，上面寫滿羅馬字，我好高興。」這段敘述透露出史蒂瑞似乎是專程為了新港文書，專程到崗仔林的，而消息來源可能是平埔人信任的傳教士。另外，李順義身高約180公分，足足比一般平埔人高近15公分，算是特例。

史蒂瑞雖看不懂，但仍興致勃勃的埋首研究，「我大聲拼讀字母，但就是無法搞懂什麼意思，不過紙上到處有阿拉伯數字，最後面有蓋章、簽名，有的蓋章甚至只用大拇指沾墨烙印。也有漢文蓋章，章印尾端刻著漢字年代，但有阿拉伯數字在上面。乾隆皇帝的名字以羅馬拼音寫出，「年」寫成 "ni", 「月」

為 "goy",「日」為 "sit"。依此推算，我手中這份文書是寫於乾隆十四年十二月十九日，而乾隆登基於1736年，所以這文件約寫於1750年，也就是1662年國姓爺趕走荷蘭人的近90年後。」

由上述得知新港文書某些文字係用閩南語寫成，換句話說，西拉雅平埔族很早就學會閩南話。另外，史蒂瑞把握住陽曆、陰曆的差別，乾隆十四年本應是1749年；但陰曆較陽曆晚一個多月，所以當年的陰曆十二月十九日是次（1750）年元月底。這些資料很可能是他後來去到大英博物館用功的成果。

「當我能唸出上面的年代、日期，以及從漢字『典當』兩字的戳記猜測，文件可能與土地或財產讓渡有關之後，頭人很感興趣，又回家帶其他文件來給我解讀。他把第一份文書贈送給我，但似乎對其他的視如珍寶，不忍割愛，雖然這裡沒人看得懂。他很喜歡我隨身攜帶的左輪手槍，最後，透過王嘉翻譯，我用這把槍換取他所有的文書，近30份（按實際為29份）。這些文書都是用毛筆寫在大張宣紙上，幾乎都有簽名，內容涉及權利轉移與抵押性質。年代橫跨雍正、乾隆、嘉慶三朝，由1723～1810（原文寫為1800）共87年（原文『近75年』）。」

上述更動的原文，係跟據史蒂瑞所蒐購、現存於密西根大學的原件數目29件，以及其中最晚的文書是寫於嘉慶十五年（1810），而加以修正。當時史氏獲得的是否為29件，就無法確定了，因為這些新港文書一直擺在密西根大學博物館、封塵了百餘年，1999年2月才由該大學考古學教授萊特（Henry Wright）無意中發現，影印約20件寄請中研院李壬癸教授鑑定「原件是否值得特別設法保存」，經李壬癸、土田滋的鑑定，確定這批契約文書很有價值，這才發掘、保住流落異鄉的國寶。另經李壬癸的循線追蹤，也才挖掘出史蒂瑞生前留於該校圖書館的手稿。

史蒂瑞得到這批寶物後，顯然花了不少時間研究。他發現其中最早的可能寫於荷蘭人被驅離台灣60年後，換言之，約在1702年（康熙四十一年）。這是因為其中有8件上無註明年代，他可能由紙質陳舊的程度而下的推測。他對荷治時代荷蘭人對平埔族教化的成果讚不絕口，「平埔族保存不少荷蘭的教化遺跡，所以在與外界影響完全隔絕的時期，仍保有用羅東拼音書寫自己語言的能

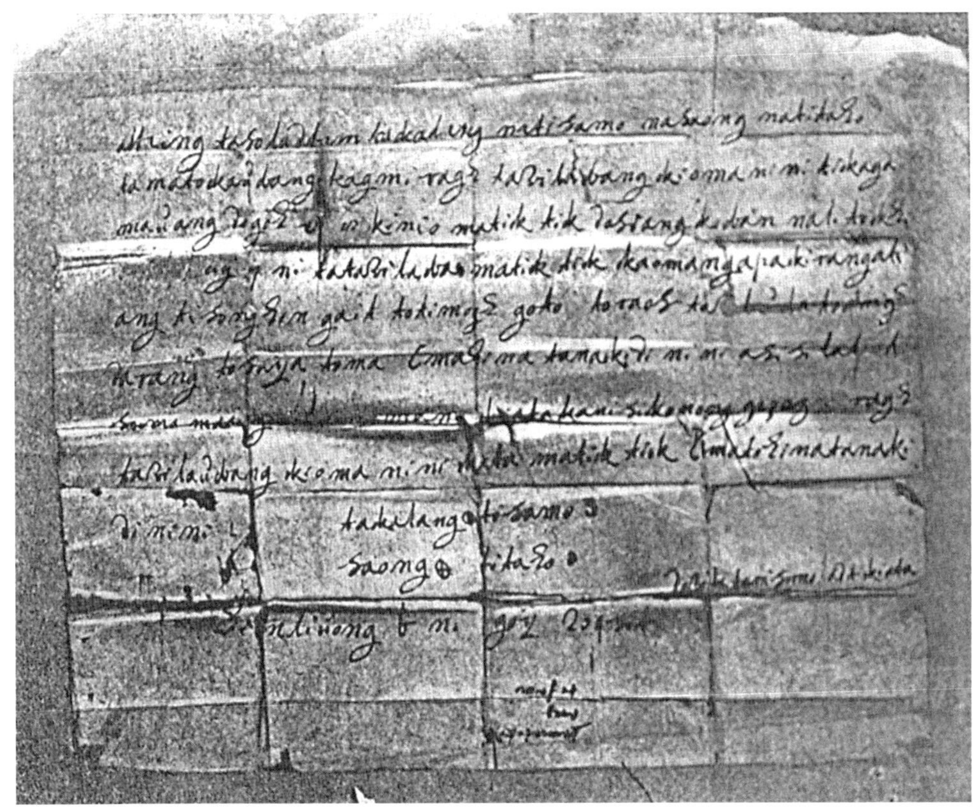

▲ 新港文書（W. Pickering, Pioneering in Formosa）

力達140年之久……這批手稿證明荷蘭人引進的基督教教義書籍，必然仍存在於某些類似的偏遠山村，那些堅持殉教傳統、追求真理的平埔人手中。」

不過史蒂瑞對於這批文書全是近代的產物，其中並無荷治或明鄭時期留下來的手稿略感失望，他提出可能的原因，「我手頭上的文契主要涉及權利移轉方面，可能自清領後，平埔為求自保才開始留存，以備必要時在法庭上對抗漢族闖入者。如再有類似文書出土，或許上載的內容、年代會不一樣。」他也納悶，為何某些生於文書還在使用時代的長者，已完全無法說、寫這種語言，想必停止使用後，大家也就同時不再說這種語言了。

## 國寶是永恆的

史蒂瑞的疑惑，也許可由曾任日治時代台北帝國大學教授村上直次郎（Naojiro Murakami, 1868～1966）《新港文書》（1933）的研究獲得解答。村上係於1897年至台南，向長老教會巴克禮（Thomas Barclay）、宋忠堅（Duncan Ferguson）牧師借閱39件文書、其中10件有漢文對照；另外甘為霖牧師曾於1884年從台南東邊山區小村取得9件、其中3件為「漢番合字」，他寄給曾任英國駐淡水代理領事、後轉任駐北京公使館漢文秘書的貝德祿（Colborne Baber），後者寫了〈9件番仔契摘記〉（A Note on nine Formosan Manuscripts）發表於1887年的「大英與愛爾蘭皇家亞洲學會期刊」（the Journal of the Royal Asiatic Society of Great Britain and Ireland）。甘牧師把這篇論文借給村上抄謄上載的3件文契，與史蒂瑞同樣活到99歲的村上據此開始30餘年的埋首研究，不斷蒐集契字，他編寫的《新港文書》收錄114件契字，內有35件為「番漢合字」，新港社寫本佔最多，故統稱為新港文書，另有麻豆社16件、卓猴社3件，其他大武壠社、下淡水社、茄藤社各一件；年代最早的為1683年，最晚的1813年。

1683年恰為政權輪替、大清入主台灣之年，這似乎証實史蒂瑞「清領後，為自保才開始保存文契」的推測。而村上最初是由傳教士手中得到部分資料，似乎也可推測史氏極可能也是由較早來台的李庥、甘為霖處得知的。假如我們翻索相關文獻，英國首任駐台領事郇和（Robert Swinhoe）至少擁有2份原件；馬雅各醫師有多份，他在1867年還送了一份給時任美國駐廈門領事的李仙得；1871年來台拍照的湯姆森（John Thomson）也看過這種文契，他未表明是否擁有，但他寫的「土著完全不知其價值」，不禁令人狐疑他到底買了多少？其他已經或可能擁有新港文書的外國人還很多，無法一一列舉。假如這些類似的東西是「國寶」的話，那麼政府何時編點預算買回？武器會折耗，國寶到永恆。

史蒂瑞觀察後認為，荷治時代基督教的教化仍一代代傳承下來，使得基督教長老會與天主教道明會來台重新傳教時，立刻被平埔族接納。他聽說一個故事，「馬雅各第一次訪問此村時，有長老用他們古老的西拉雅語和醫師說話，但非常失望醫師竟然聽不懂。村民一直以為他們祖傳的語言與遠隔重洋的白人語言是一樣的。」他認為清國官方檔案應該存有平埔人打官司、訂商契的文件，上面應有記載平埔語。他的推測是合理的，在《鳳山縣志》與《小琉球漫誌》即載有少數平埔單字。日治時期總督府、台北帝國大學保存一些新港文書，現應由台灣博物館、國家圖書館台灣分館、台灣大學分別保管；日本人攜帶回國的也不少。

抵崗仔林的第二天，史蒂瑞穿越類似的惡地形，到3哩外的山區拜訪一位80多歲、會說西拉雅話的老婦。老婦已無牙齒，發音不清，靠著她的40多歲的女兒，以及孫子的協助，還有王嘉的翻譯，記錄了不少單字，「雖然很多字她全忘記了…我發現西拉雅語與巴宰語、賽德克語十分相近」。「老婦全家都是基督徒，她常徒步3哩去崗仔林作禮拜，每次回來，要躺在床上足足休息3天；有時孫子會揹她上教堂。天氣相當冷，她仍穿著薄舊衣，我掏出一塊銀元給她，以示叨擾之意，她似乎認為這是天堂掉下來的禮物，揮別時還祈禱上天福佑我。」

史蒂瑞達成到崗仔林收購新港文書、蒐集西拉雅語的雙重目標，喜孜孜的沿著來時路踏上歸途。而李順義可能正拿著「軍事採購案」得來的那把槍，在某處試槍、打獵。不過，什麼人可以告訴我們，「那把等值29件國寶的手槍在那裡？」

# 史蒂瑞澎湖踏浪行

## 一波三折澎湖行

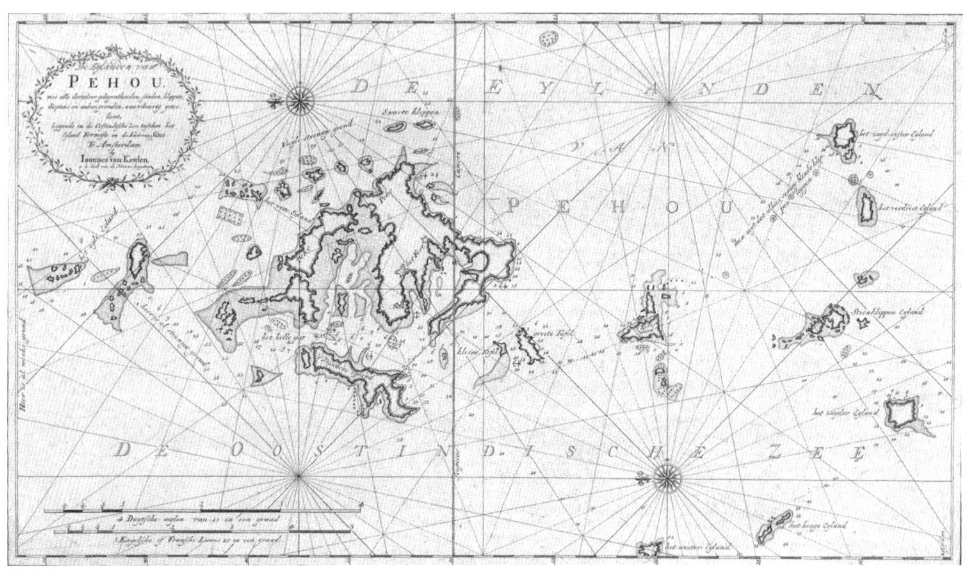


▲ 澎湖（國立台灣歷史博物館館藏，翁佳音提供）

1874年1月上旬，史蒂瑞赴台南市崗仔林（左鎮區岡林里），用一把手槍換了至少29件當時的廢紙、現在的台灣國寶——「新港文書」，歡天喜地的返回府城，立即前往澎湖群島蒐集海貝、珊瑚。密西根大學的資料推估其行程為1月15日抵澎湖，26日回到台南。但這個行程只是推估，並不正確，這只怪史氏對日期的記載太過於籠統，完全未寫明何時出發、何時返回的日子。假如他是於15日抵澎湖，那麼就應是在13號從台南啟程，在西嶼、馬公二島停留兩週後，於28日晚間離開，而於次日下午返抵台南。這些日期是根據他下述的記載推算出來的。

史蒂瑞（大約）是在1月13日，搭上德籍費利號（*Fairlee*）雙桅帆船，凌晨2點啟航。這艘船是甘蔗採收季，航行於廈門、台南府城間的商情傳遞專用船舶，船長特別答應航經澎湖群島時，把史蒂瑞送上岸。不過此行可謂一波三折，搞了3天才到。第一天半夜出發時風平浪靜，那想到天有不測風雲，破曉後風浪加大，橫掃過整個船身，費利號歪歪斜斜的漂到澎湖島南方水域，但面對強烈的東北季風，就是無法搶風駛近該島，無奈只好回航。

第二天（14日）早上，居然被風吹到打狗（高雄）港外。當天也是頂著風，回到原先出發點的府城安平港外停泊。第三天（15日）再接再厲，終於老天開眼，幸運的接近又名漁翁島（Fisher's island）的西嶼（Sayson），還得靠漁船接泊，才能上岸。「置身漢人漁民海盜窟，只有僕人王嘉（Onga）陪伴，充當我的發言人」，史蒂瑞想必早就耳聞聲名狼藉的澎湖討海人的大名。

任何外國人都足以引起民眾的好奇，何況是身高193公分、長得像支竹竿的大個子，「我們很快引來大部分村民的圍觀，用一點小錢向一位看熱鬧的觀眾租屋，房間雖簡陋，但經歷了台灣海峽3天的風浪與暈船，已夠美好的了。」

次（16）日一大早，史蒂瑞迫不及待的開始「叫買」珊瑚與海貝，有些漁民甚至冒著強風大浪，潛入海中，替他採擷一株株的活珊瑚樹。村子大多數的房屋、圍牆都用硓𥑮石當材料，老史念頭一轉，心想當地人在夏季想必搖身一變，成為兩棲動物，整天忙著打撈海底的珊瑚岩塊。

## 西嶼見聞

經過一天的休息，17日，史蒂瑞閒逛西嶼一圈，島南外垵一座漁民蓋的燈塔，吸引他的注意。「燈塔有四層，高約30呎，呈四個面向的塔狀建築物，花崗石建材來自廈門，十分牢固。每一層樓的四面花崗石壁上，都刻著漁民的守護女神（按媽祖）浮雕。第一層供著女神木雕神像，香煙裊繞，守塔者據說是個茹素的僧侶，應屬佛教門下，竹製籤牌擺在神明前，討海人常來抽籤卜卦，祈求出海順利，平安歸來；燈塔本身反而不是漁民到此的重點。塔頂照明的大燈用花生油點燃，四面防風玻璃滿佈灰塵，往外一看，幾乎看不到大海。」

這座修繕於道光4年（1824）的老燈塔，並非最早的；乾隆三十四年（1769）曾於西嶼外垵吃仔尾的小丘上，蓋了七級浮圖充作燈塔。史蒂瑞來過澎湖不到半年，爆發日本派兵攻打恒春排灣族的「牡丹社事件」，事件過後，清廷議決在西嶼、鵝鑾鼻建蓋西式燈塔，避免再度發生外籍船舶失事、慘遭土著或兼差搶匪的攻擊，而引起類似的國際糾紛。光緒元年年底（1875年12月20日），西嶼西南端位於洋人稱作Litsitah Point的外垵燈塔（現稱西嶼燈塔）最早竣工、啟用，駐有海關洋雇員，現為國定古蹟。

史蒂瑞注意到澎湖群島海邊，到處是圓柱狀的玄武岩（basaltic rock），不過他未提及玄武岩製成的文石，可能是當時未大量開採的關係；但也可能與他喜用採購標本的方式，常未親自到海濱採集有關。他直接向漁民購買標本，固然可以節省不少時間，但也可能失去仔細深入觀察、發掘當地特殊景象的機會。譬如當時遍佈澎湖群島、現仍存在少數的捕魚石滬，即未有所著墨。文石最早的記載，見於乾隆三十一年（1766）胡建偉的《澎湖紀略》卷之十二藝文志，收有錢琦〈澎湖文石歌〉、周于仁〈文石賦〉，連落成於次年的文石書院也是以這項特產為名。

曾任福建布政使（藩台，正二品）的錢琦詩詠文石：「或如端溪鴝鵒（按八哥）眼，或如炎洲翡翠羽；蒼然古色露精堅，秀絕清姿工嫵媚。几案有時煙雲供，光怪猶作蛟龍吐」。上等文石具有色澤漂亮的「同心圓眼」，係因地層升降多次，海底的碳酸鈣、鎂、錳等礦物質滲入玄武岩的氣孔內，再慢慢凝結而成的。年份越久，吸收的海底成份越多，「眼」就越大、越厚，價值就越高，日治時期曾大量開採，迄今早已採掘一空，再也找不到美麗的同心眼文石了。玄武岩製成的堅硬三角石，也曾為工程業界所樂用。

雖然小島在東北季風肆虐下，風勢足以把人吹得站不住腳，但勤勞的農夫仍然下田犁地，準備播種，靜待夏季地瓜、土豆的豐收。這些土產，以及豬、家禽很多運至廈門、福州販售。他看到最耐操的「澎湖查某」：「我們行經海邊，看見一位綁小腳的婦人，蹣跚的驅趕水牛犁田，儘管強風幾乎把我們掃進海裡。」

史蒂瑞在西嶼待了「2、3天」，這是他的寫法，但顯然是在抵西嶼的第四天，也就是1月18日，「然後，我搭乘當地的交通船赴馬公。」為什麼是18號呢？因為根據耆老的說法，早期西嶼到馬公的單帆渡船，固定每天早上6點出發，下午4點回航；所以史蒂瑞不可能在17日下午赴馬公。這趟短短的航程極不愉快，老史幾度以為會翻船，老船長則神色自若，穩穩地把船彎靠馬公港。

## 馬公行醫見聞錄

船進碼頭，老史看見海邊堡壘露出很多門砲，他對以前曾參觀過的清軍砲陣地觀感不佳，「大部分我見過的砲台，裡面的大砲蓋了厚厚一層灰塵，砲車腐朽，須用支柱撐起沉重的砲身。」他看到的應是馬公港海濱的金龜頭砲台，入口處南邊測天（半）島、更南的蛇頭山、蛇頭山西南的四角嶼上，也都有砲台。看起來防衛似乎固若金湯，1885年與1895年，分別被法國、日本攻下，都

▲ 馬公的孤拔提督紀念碑

▲ 孤拔提督（W. Campbell, Sketches from Formosa）

是在東北季風漸歇的3月底，而且都在不到5天的時間內拿下澎湖群島，更有甚之，或巧合的是「主帥搶先跑、士兵跟著溜」。

史蒂瑞在馬公租了一間內無壁爐、外有破孔、地板濕漉漉的民屋，加上門雖設而常開，因為好奇的民眾往往出奇不意的推開房門，希能一睹洋鬼子的廬山真面目。買了陶盆、鐵鍋，王嘉一時不留意，把老史的刀叉遺留在府城，澎湖又買不到這種洋玩意，害得他只好用一支尖筷、一把削鉛筆刀充數。幸好天無絕人之路，「就這樣吃了一星期，幾乎快餓死，吃像也越來越難看。幸好進港的清國水師砲船船長，備有供歐洲訪賓使用的西式刀叉，王嘉登船商借，終於可以好好的吃頓像樣的飯。我不是沒試過筷子，但用起來倒不如削筆刀和尖筷的組合。」

老史再度客串醫生，這回使出的不是在賽德克東眼部落（南投仁愛鄉南豐村，又稱眉溪社）用過的「碘酒療法」，而是「咖啡食療」。他帶了一些傳教士給的罐裝研磨咖啡，面對一群重感冒、登門求診的老婦，「我要王嘉轉告實在毫無偏方，他慧黠地提醒『不是有congh-ee嗎？』我馬上會意，開始配『藥』，叮嚀她們務必用開水沖泡、加入些許糖蜜效果倍增。據了解，還有點瞎貓碰到死老鼠的味道，大家直誇我華陀再世！」

史蒂瑞一抵馬公，又使出老招式，馬上放話『叫買』海鮮，沒多久即買進一堆五顏六色的海貝、珊瑚、魚類。有人帶來一隻觸鬚張開足足10呎長的大章魚（octopus or devil fish），漁民說這種怪物很危險，兇起來會把豬仔，甚至將兒童拖下海中。捕捉章魚得大費周章，須用魚鉤奮鬥半天，而八爪魚的同伴會彼此幫忙，所以要先把它們的觸鬚弄斷1、2支，才捕撈得起。老史吃了一盤章魚，認為味道不佳。只是他沒交代是生吃沙西米、水煮切冷盤，還是紅燒炒青蔥？居然把漁民口中的美食，品評成「不符文明的口味」，看起來應是沒沾芥末的生吃法了。光緒十九年（1893）林豪《澎湖廳志》卷十物產篇，稱這種大章魚類似章魚但體型較大，約8尺左右，喜住在石穴中，捕捉時「能以足抱石拒人」，所以當地人叫牠「石拒」。至於韓昌黎（韓愈）稱為「章舉」的章魚，澎湖人叫作「章拒」。

附近的廟宇剛好在唱野台戲（Sing-song），由一些男童裝扮成古代人物演出，史蒂瑞當然是外行看熱鬧，有看沒有懂，「演員用假腔說台詞，然後就在舞台上傲慢的昂首闊步。扮演婦女的（男演員），則腳穿三寸金蓮，扭來扭去地走著。漢人的戲劇演出與古希臘時代有共同之處，至少都是宗教節慶時，在神殿前上演。廟前擺滿竹子紮成、上貼各種動物造型、下壓石塊的竹籠，有老虎、水牛、龍…等動物。」

老史看到的戲，應是北管子弟戲中的九（高）甲。子弟戲是由地方子弟組成業餘戲團的通稱，於閒暇或慶典時演出，提供鄉民娛樂。九甲唱泉州方言，有的戲碼內容淫邪，演員頻送秋波，故又名「駛目箭」。不過早期男女關防嚴謹，演者皆由男童擔綱，大家過足意淫而已。據澎湖耆老翁瑞來的說法，日治初期鄉下都沒有什麼娛樂，各甲頭乃訓練學童作戲，故而叫做子弟戲，以供酬神廟祭之用，所演的戲都唱九甲仔調。

史蒂瑞雖看不懂台上的戲，卻瞧見台下更精彩的官場十八相送秀，「很多小官吏也來看戲，我們抵達時觀賞到戲尾，以及官員的離席演出。他們的轎子長長的排滿廟前路旁，一堆人群聚圍觀熱鬧。最大的官上轎前不停的頷首哈腰，其他官僚都趴地叩頭；他離開後，輪到第二大的官上場，點頭哈腰、其他人再度趴下叩首如儀；接著第三大的官擔綱演出…直到約莫到第九大的層級，剩下的一竿人等大概官階相當，這才免去繁文縟節，互相拱手道別、上轎離去。」

當時澎湖最高官，武職為從二品的水師副將（准將或資深上校）廣東仔吳奇勳，文職為正六品的通判「江西老表」劉邦憲；副將下面還有左、右營遊擊（從三品，資淺上校或中校）、左、右營都司（正四品，中校或資深少校）、左、右營守備（正五品，資遣少校或資深上尉）、左右營千總（正六品，上尉）、左右營把總（正七品，中尉），以迄分列正八、正九品的「外委」千總、把總（少尉及士官長），額外外委（從九品，士官）。通判之下還有正七品以下的教授、教諭、訓導。好吧，假如那晚大家恰好沒事，都來看戲，戲散後依據「官場倫理」的送別場面約莫如下：依序為副將、左右營2名遊擊、左右營2都司、左右營2守備；如此走了7人才輪到都是正六品的通判與左、右營千總，大家大概一陣客氣，端看哪個比較不客氣先走人；再來的小官想必也就不

▲日治時期澎湖馬祖宮（天后宮）（仲摩照久，《台灣地理風俗大系》）

再那麼講究了。

史蒂瑞看戲的地方，應該是娘媽宮（今天后宮，也稱做媽祖宮），因為廟裡主神為海員守護女神媽祖（Ma Chu），她的兩旁站立兩尊高大的神像，一尊是「千里眼」（thousand mile see），另尊是「順風耳」（thousand mile hear），正殿神明位置與現在相同。娘媽宮創建年代不詳，可能是早期來自福建沿海漁民或海盜在海濱搭建簡陋的祭拜處，元、明時代移民漸至、整修而成，至遲在1604年即已建妥，因為董應舉《崇相集選錄》內載：該年明將沈有容在天妃宮諭退（應是以優勢兵力「嚇退」）荷蘭韋麻郎（W. van Waerwijck）；1919年在該廟祭壇下出土的「沈有容諭退紅毛蕃韋麻郎碑」，現存後進清風閣樓上。馬公的地名原叫媽宮，即得自此廟，鄭成功、鄭經、施琅途經澎湖，住的都是當時島上五星級飯店-天妃宮。1683（康熙二十二）年，施琅於澎湖擊敗明鄭水師，自稱獲得媽祖神助，奏請加封已有天妃頭銜的媽祖，將「天妃」升格為「天后」；次年康熙帝准奏，還派禮部郎中（政務次長）雅虎到澎湖致祭，祭文、匾額仍存廟內。

## 漁村風情

史蒂瑞待在馬公數日，有天與王嘉北行到沙港、青螺、北寮、南寮等漁村蒐購海貝。沿途所見到的土地十分貧瘠，但農民仍盡心盡力、無怨無悔地耕種，冬季高築的防風珊瑚礁石圍牆內，只長得出耐寒的甘藍菜與白蘿蔔，本島極北邊，倒還看得到一些柑樹。根據成書於光緒十九年（1893）的《澎湖廳志》，澎湖主要蔬菜倒是不少，有芥菜、芥藍、白菜、韭菜、芹菜、同蒿…；

南瓜、菜瓜、冬瓜、莿瓜、苦瓜…等瓜類有10餘種；並載「澎地多風，故果實不植，而柑獨美盛，近比西螺，突過福橘」。

他當晚夜宿南寮某基督徒家，「我們碰到一位隸屬於李庥牧師（Hugh Ritchie）打狗教會的基督徒，他就住在北方的某村，好客地招待我們住在他家。」經查，這位好客的人叫林兼金，澎湖本島東北方南寮人，出身讀書人家庭；1870年赴埤頭（鳳山）求教於李庥，惜英年（1882）早逝，使得澎湖的傳教要到1886年，才由甘為霖與高長開拓。閱讀史蒂瑞的手稿困擾之一，就是他往往對地名、人名、時間籠統帶過、交代不清。

澎湖本島北方大小島羅布，暗礁林立，經常發生船難，除當地小漁船外，再也沒人敢冒險一試。通常船舶進入馬公，都由西嶼西南方的外垵東航，即可避開暗礁。「島民搶奪失事船隻可謂聲名狼藉，而且確有其事。漢人水手與漁夫似乎天生就具有海盜性格，認為當珍貴的船貨四處漂流，卻先行拯救船難

▲ 大型戎克船甲板上（John Thomson）

者的生命，是件愚不可及之事；最好是殺了漂民或任其自生自滅，免得撈起的東西被追討回去」，史蒂瑞舉出親眼目睹之事，「有天在西嶼，很多人手拿鐵鎚、斧頭衝到岸邊船上，準備出航，好奇一問才知道，原來島嶼高處的望樓，偵查到外海有艘失事戎克船，人、貨都在海水裡載沉載浮。全島能出動的船隻全部放進海中，宛如兀鷹搶食腐肉，一齊向失事的帆船圍攻。」

早期澎湖人靠海吃海的情形，見諸各種文獻記載，《澎湖廳志》即云：「沿海鄉愚，撈搶遭風船物，習慣成性，視為故常」，「乃船一擱淺，而居民輒冒險撈拾，或將船毀折，以致船主控案，纏訟不休」，有一位住西嶼的林孝，平時長齋奉佛，樂善好施，熱心公益，還經常到普陀山禮佛，有天他到碼頭迎接遠道回來的姪兒，恰好見到「有商船遭風壞於外塹港內，得隨眾撈拾有所獲」。望安附近八島原稱八罩群島，更是昔日著名的海盜窩，連海盜出身的荷蘭人也都稱之為「海盜島」（t'Rovers Eyl），稱望安與澎湖本島間的水域

▲ 荷蘭人登陸澎湖（有說是登陸廈門）（Imbault-Huart）

為「海盜海峽」。再往前推，自元代至正九年（1341），以迄日治初期，都有海盜出沒的記載。明嘉靖、崇禎年間（1521～1644），多少綠水好漢浮沈於澎湖海域，汪（王）直、林鳳、林道乾、曾一本、李旦、李魁奇、劉香老、鄭芝龍、李國助…等。另有日本倭寇、葡萄牙、西班牙、荷蘭、英國等海盜船穿插演出。之後呢？鄭成功祖孫三代繼起…。那是一長串說不完的故事。而勇於移民澎湖群島的人，又豈是平常百姓所敢為？

史蒂瑞在澎湖共待2星期，趁風勢漸小，覓得要到台灣府的小帆船，先將他的蒐集品，含半噸珊瑚、2浦式耳（約3.78公斤）海貝、10加侖魚類與甲殼類動物，打包妥當，送上船。1月28日晚間，他登船等候隨時可能的啟航。次（29）日破曉時刻，船已離開澎湖7哩許，船尾方向的澎湖群島，扁平地躺在海水中；船首遠方蜿蜒的中央山脈，頂著皚皚白雪，橫亙於福爾摩沙島中。風勢不大，浪卻不小，從船底到桅杆頂端高僅30呎、滿載瓦片的小船在黑水溝載沉載浮，老史一度擔心萬一出意外，整艘船會像鉛錘一樣，直直的沉入海底。不過，大概不算太危險，他仍有心情研究戎克船的構造，以及水手的生活。

▲ 日本刺繡畫戎克船（William Blakeney）

老史住的可是當時稱作「出海」或「火（夥）長」的船長，以及船東特別讓出來的頭等艙，對身高6呎4吋（193公分）的他來說，仍嫌太小，簡直坐也不是，躺也不是，更不用說站立了。「床頭旁邊擺放一尊被煙薰黑的神像，前插兩支點燃的香。每過一陣子，就有水手進來再度上香，他們雙手合攏、虔誠祈禱，然後又回到工作崗位。」這尊神像顯然不是史蒂瑞認得的媽祖，有可能是早於媽祖、原廣被海員祭祀的水仙尊王。清代台南郊商（大貿易商）的總部，即在城西五條港區的水仙宮。自從媽祖興起，水仙尊王乃漸沒落，今早已完全被媽祖取代，知道的人並不多。

▲ 小型戎克船（John Thomson）

史蒂瑞也介紹他曾搭乘過的戎克帆船之構造，「這些船十分堅固，內用艙板隔成多間不滲水的密閉小艙房，萬一船隻翻覆，也不會馬上下沉。縫隙以油脂和石灰調製成的黏濟添塞，極為密實耐久，西方國家也許也使用這種東西。船頭左右畫上一對魚眼，用意在趨吉避凶（按船舶因之又俗稱「大眼雞」）。桅杆嵌入艙底，上無索具支撐，據稱船難常因突起的狂風襲來，來不及捲收笨重的竹帆，導致船檣斷裂所致。」

他對漢人水手吃苦耐勞、耐操耐磨的特性讚不絕口，「他們實在適合當討海人，吃食簡單，幾碗米飯，配上鹹魚、醬菜就滿足了，不像歐洲船員還要求活動空間與其他特別的照顧，前者的待遇可能不到後者一半。難怪固定航行於大清海域的外國船舶，時常解聘外籍船員，改用華籍水手。」

史蒂瑞認為大清有這麼優秀、廉價的航員，加上上等的造船木材，一但採用歐洲較先進的造船、航海術，不僅會把西洋勢力掃出東方海域，而且不用多久，更將進一步跨足大西洋；只不過拘泥於老事物、老傳統的做法，抹殺了這種可能性。

## 美國大學博物館陰暗角落

▲史蒂瑞發現、郇和命名的藪鳥（黃胸藪眉）

1月29日下午二時，史蒂瑞結束澎湖之行，返抵安平港。接下來，他大概回到打狗忙著研究、整理從澎湖及之前從各地帶回的成噸標本，然後打包託運回國。另外，也將探險見聞、研究成果整理出來。這樣的推測乃基於他從澎湖行以後，到3月中赴屏東萬金庄，中間的一個半月，完全未交代任何活動。或許在這段空檔期間，他在打狗附近採集到新品種——高雄球蝸牛、黑線小鼈甲蝸牛，以及廣葉星蕨（*Polypodium steerei*）；至於其他如圓菱蝸牛，一種叫*Nephrodium subpedatum*的蕨類，還有郇和（Robert Swinhoe）用史蒂瑞的姓氏命名的藪鳥（*Liocichla Steerii*, 黃胸藪眉），後代的研究者只能用「台灣某地」採集到一語帶過，因為他實在到過太多國家；即便在台灣也去了很多地方，而且來不及標註，在台灣採集到的標本計有58種蕨類、80種蛇類、數不清的海貝，幾乎要用現代的大卡車來裝載。可惜，這些採自130餘年前老台灣的標本，或是他蒐集的至少29件新港文書、其他數目不詳的原住民器物，迄今仍塵封在密西根安阿伯大學（University of Michigan in Ann Arbor）博物館某個陰暗的角落，值得國內相關博物館及研究者前往該大學仔細地「挖寶」一番。

最後，筆者對他某些記載不清之處，或嘖有煩言，但這是當時研究者、探險家的通病，相對於其他人，他算是記載最詳細、可讀性最高者之一了。

# 約會在筏灣——射鹿、高燕探險行

▲ 樹下的排灣族搖籃（Report on the Control of the Aborigines in Formosa, 1911）

1874年2月16日～23日間，史蒂瑞進行他在台灣的最後一趟旅行，目標是屏東萬巒鄉萬金庄北方的排灣族。同行的有服務於和記洋行（Boyd & Co.）、來自紐約的小伙子巴德（U.A. Budd），以及想趁農曆年休假到山區打獵的英國領事館員布勒克（T.L. Bullock）。老布是史蒂瑞去年10月赴中部探險的老伙伴。當然少不了廚師兼翻譯的王嘉隨行，另外雇了幾位苦力。

## 春節之旅

2月16日下午過了一半，一行人才從打狗出發，夜宿埤頭（Pitao, 今鳳山市）教堂。當晚為農曆除夕，到處是鑼聲、鞭炮聲，漢人忙著準備迎接隔天的大年初一。

說起埤頭基督教會的成立過程，可謂一波三折。他們下榻的教堂是在1869年1月31日重開的，之前1867年7月7日，由馬雅各醫生在埤頭北門外購買一所房屋作禮拜堂兼藥房，但7月20日即被壯勇及暴民搶奪。1868年3月間再被搗亂，7月底重修教堂，馬雅各被指控殺嬰、剖心肝、下毒藥、挖墓取屍眼等不實情事，不久又被士兵拆毀。這些教案，加上樟腦買賣糾紛，遂引發英艦於1868年11月底砲擊並攻佔安平砲台，史稱「樟腦戰爭」或「安平砲擊事件」。事件過後，長老教會獲得賠償，遂重建埤頭教會。

次（17）日，他們繼續南行，較高的農地種植甘蔗、較低的則為水田，農夫即便在大年初一，仍然忙著整田、插秧。稍後一行人在離海岸11哩處，渡過半哩寬的下淡水溪（今高屏溪），河床分流著幾道叉開的水，由於山區下雨的關係，有些叉流很深，苦力將行李頂在頭上，安全的渡過河川。河床旁停放幾艘載著糖簍的大竹排，靜待上游較大的水流沖到，以便載運到海岸。

過了河，來到幾個彼此靠得很近的漢人小村，「村民正慶祝新年；令人百思不解的是，我們居然買不到東西吃，所有的商店都緊閉大門，今天應是漢人唯一不想賺錢的日子。」

靠近山區，進入客家庄廣佈的地帶，「就像較北方的地區一樣，廈門來的漢人佔據了沿岸及低地平原，客家人只能選擇住在靠近平埔族及原住民的地區。」在離山腳2、3哩處，進入平埔族（pepowhans）的村落，據史蒂瑞的觀察，屏東地區的平埔人與台南崗仔林的平埔人，在衣著、外表上都略顯不同。這也難怪，因為此地屬於西拉雅的支族馬卡道亞族，而崗仔林則為西拉雅亞族。婦女不戴頭巾，而是戴著大斗笠，上綴玻璃、金屬亮片之類的流蘇；男人衣著就像貧窮的漢人，也剃光前面的頭髮，後留髮辮。他們擠在靠近山區，與原住民交界的貧瘠土地上討生活，「就我看來，已感染到節儉、愛錢的氣息，不似北方的族人那麼純樸了」，史蒂瑞比較崗仔林與萬金庄（Bankimseng）兩地平埔族的差別。而且萬金庄平埔人信的是天主教，許多婦女都佩帶十字架項圈。

## 萬金庄的傳教活動

史蒂瑞一行原先把萬金庄天主堂規劃為活動的根據地，抵達後才發現裡面已擠滿來獵雉雞的英國海軍軍官，還有來自廈門海關的稅務司許妥瑪（Thomas Hughes）。這些軍官從打狗停泊港來到此地，佔據了所有的床舖、房間，發出吵雜的喧嘩聲，還不時舉起獵槍戲謔的作出瞄準、比劃動作。矮小的西班牙道明教會（Domincan）神父不會講英語，只好用手勢及豐富的臉部表情，表達對所有賓客的歡迎之意，也為客人的住宿安排問題急得團團轉。1872-75年間，有吳萬福（Fr. Vinte Gomar）、喬賢明（Fr. Federico Jimenez, 1840-77卒）兩位神父駐紮萬金教會，根據史蒂瑞1874年4月10日寄自廣東、刊登於該年7月3日《安阿伯快報》（*Ann Arbor Courier*）的信件，這位神父叫Padre Jimenez；也即1869~1877年在台傳教的喬賢明神父。

史蒂瑞拿出介紹信，喬神父很高興遇到一個會說西班牙文的知音，立刻要他當翻譯、轉達教會對軍官來訪的興奮之意，並且還說將以道地的西班牙待客之道，竭誠為大家服務。前述的許妥瑪，是位老台灣，曾於1870～72年派駐打狗海關，之後轉調廈門，1876～77年再調至打狗海關出任代理稅務司；1865～1902年（卒），共服務大清海關長達37年。他在1869年11月曾與必麒麟深入恒春半島，拯救了與何恩（James Horn）同遭船難的噶瑪蘭平埔族，並與排灣族琅嶠「下十八社」總頭目卓杞篤會過面，留下該次會晤的經過"A visit to Tok-e-tok, chief of the Eighteen Tribe, Southern Formosa"。

▲喬賢明神父（天主教高雄教區玫瑰聖母聖殿主教座堂網站）

道明會自1859年5月起，由郭德剛神父（Fernando Sainz, 1859~69在台10年）引進南台，歷經幾次暴民事件，幸賴幾位在台洋人與英國砲船的協助，方能繼續傳教。萬金天主堂於1863年落成，後被搗毀；1870年重建完工，現列為縣定古蹟。史蒂瑞文中提到道明會的發展有幾點錯誤：（一）將已在台傳教14年，寫為10年；（二）他另寫道，「漢人信徒相當『多』，唯一值得稱許的是在平埔族有幾百名信徒。」天主教與基督教初期在台發展飽受漢人的排斥，但相當受平埔人的歡迎。對照原文前後的語氣，這點可能是筆誤，他可能把 "quite few among the Chinese"寫成了 "quite large among the Chinese"所以後面才有 "and this, the only elation among the Pepowhans"的寫法，因此應改為「漢人信徒相當少」。當然也可能是排版錯誤（參閱*Formosa and Its Inhabitants*, p. 89）。類似細節的對照，與實情的瞭解，是解讀任何文獻所必須掌握的。

史氏也比較天主教、基督教傳教方式的差別，「天主教傳教士通常靜待在教堂，外面的工作交給漢人信徒代勞；反之，基督教傳教士則到處旅行宣道，足跡遍及窮鄉僻壤。」

## 排灣人的市集

萬金庄平埔族每隔3天都與山區排灣人交易一次，由於經常接觸，很多人都略通排灣語，尤其那些用錢迎娶排灣女的人說得更流利。史蒂瑞不但想看那個交易市集，而且更想深入山區，但當地人都說太危險了，史氏認為也許土著有意借此提高工錢；經過一番討價還價，雇了4位會說排灣語，且與排灣人關係良好的嚮導。

趕集那天早晨，曾追隨李仙得將軍（General Le Gendre）訪問過排灣族的王嘉向史蒂瑞討錢買燒酒，因為「他說不讓排灣人喝點酒，是不會被允許進入部落的。王嘉買了約一加侖刺鼻難聞的燒酒，濃度與白蘭地一樣烈，再混進一些水沖淡酒精，以免對方全喝醉而誤了事，最後又加進生薑及一些雜七雜八的配料，終於完成了薑汁補藥酒。」

排灣人嗜酒挺有名的，1874年西鄉從道都督輕鬆擊敗牡丹社，但喝酒卻被排灣人灌醉；另外隨日軍攻打排灣族的美國記者豪士（Edward House）、19世紀80年代看守鵝鑾鼻燈塔的泰勒（George Taylor）、日治初期的森丑之助等人，都提過這一點，有的頭目甚至「酗酒成白痴」狀態，如朱雷士給（小卓杞篤）；日治初期著名頭目潘文杰也可能酒喝太多而早死。

市集在北方3、4哩處，萬金庄趕集者由女人駕著20輛牛車、每輛皆由2條水牛拖拉，趕牛的女人大都有刺青、頭戴排灣族男女都喜歡的花圈，外表看起來顯然是排灣女，不過她們的刺青部位不在臉上，而是在手腕、手背部位；男人則提著長矛、火繩槍隨行在後。

▲ 排灣盛裝戰士，頭戴豹牙皮帽，手持火繩槍，倚靠石板屋頂（Shinji Ishii）

約上午10時許，一行人隨著趕集隊伍，來到山麓峽谷一塊無草平地，這就是市集的場所了，大家耐心等候尚未現身的排灣人。許妥瑪與英國軍官已在山區狩獵完畢，也來到市集地向史蒂瑞等人道別，順便參觀和排灣人交易的情形。為打獵而來的布勒克，可能已經加入許妥瑪等人的行列，或單獨行動打獵去了，因為自從抵達萬金庄後，史氏就再也沒提到老布。

午後，排灣人才現身，先派3、4名持長矛的人下來，確定安全無虞後，30多個揹木柴、草料的土著這才下山。「幾位土著與同數目的平埔拿著長矛走到場中央，彼此面對面，高舉長矛。我注意到上述動作完成後，交易才開始進行；而每當場中舉矛的人放下長矛時，交易就馬上停止。所以，這種舉起長矛的儀式，必然有其特殊意義，諒必代表和平的象徵。」

「交易由雙方的婦女主談，只見彼此口沫橫飛、唇槍舌劍，偶雜幾聲高吭的語調，好不激烈。土著只帶來木柴、乾草之類物品，平埔人用少量的甘蔗酒（rum）、鹽巴、布料與之交換，市集很快就在場中持矛者放下長矛後結束。」

這個市集所在位於萬金北方3、4哩，可能是屏東泰武鄉萬安社附近山麓。

平埔人趕車回萬金，史蒂瑞、小巴與排灣人的交易才剛開始。土著要不是出於害怕，就是基於部落規定，很不願意帶他們入山，但對於可能得到的可觀賄賂則充滿期待。土著以剛種植粟（小米）、玉米之類的作物，帶外人進入部落，會使農作物被太陽烤焦作為擋箭牌。史氏抗議這種說法，最重要的是他當場量裁了4塊紅布，「兩塊較大的給兩部落頭目；兩塊較小的給副頭目，再加上土著喝了王嘉調製的『生薑補藥酒』，終於同意我們的要求」。史氏向許妥瑪等人道別，跟隨微醺的土著上山。

## 穿越深山溪谷

才剛越過一條不小的溪流（東港溪上游萬安溪），替他們揹行李的土著馬上要求更多的東西，否則不再幫忙攜帶行李。史蒂瑞無奈，只好拿出一塊幾碼長的棉布；但土著嫌少、不依，雙方各自表述，吵得面紅耳赤，王嘉可能來不及、也不方便翻譯，總是相罵無好話。最後，史蒂瑞火大，為免被土著騙光所有東西，叫王嘉討回先前送出去的紅布。給甲部落一式二份的紅布置於同行土著的揹簍，王嘉眼明手快，一把搶回來；另份給乙部落的，則已先行送上山去。「被土著吃乾抹淨、慘遭攻擊？」，或「不示膽怯，予以反擊？」兩種念頭不斷在史大個子腦中爭扎、抗衡。下述的場面，可以看出為何大個子敢單槍匹馬勇闖世界各國土著的領域。

「我悄悄的扳上槍機，走近唯一攜帶火槍的土著領隊身旁，一個箭步將他的槍奪下，其他5、6名土著立刻橫直長矛、作出隨時準備攻擊的姿態，靜待下一步的發展。我要王嘉告訴土著如果他們還布，我就還槍。於是他們派了一人上山，半小時後取回另份紅布，放在我腳前，我也馬上歸還火槍。」

史氏一行人順著溪流匆匆下山，土著一看他們頭也不回，像煞就此永別，深怕弄假成真，急忙跟上好言婉留，帶頭的已忘了「奪槍之恨」，急忙走到史氏旁，「他以手臂環著我的頸子，指著他們的部落，用手勢、姿態邀請咱務必大駕光臨」，史大個子得意洋洋的寫道。可是一個不到160公分的土著，如何用手臂摟抱193公分的高個的頸部？除非前者高踮腳尖，後者切半蹲下；但這又不合當時場景。想必賭氣的史蒂瑞在對方苦苦哀求下，嘟著嘴坐在溪旁石上消氣，這時矮個領隊湊近攀交情，雙方才能如此貼近、溝通。

在土著的帶領下，沿萬安溪溪谷上行，不斷的渡過蜿蜒的溪水，半哩多後離開溪谷、轉向山區，穿過山麓地帶比人還高的野草區、灌木林。越到高處，茅禾、灌木就越低，這時已可眺望四周的山谷、田野。附近有一大片光禿禿的山坡地，可能是土著為了賣木材給漢人、平埔人而砍伐光了。加上原住民本有火耕的習慣，使得樹林不易再生長。倒是大芒果樹隨處可見，芒果花正盛開，吸引無數蜜蜂。「遊目東望，數哩外的高山遠比我們所在位置高好幾百英呎，那裡的山頂上有茂密的未開發森林，應是松樹林。」史蒂瑞這段話指的「東邊數哩外高山」，即是北大武山與南大武山連成的中央山脈最南端，而他們稍後抵達的二村之位置是萬金庄北方3、4哩處市集（萬安附近）再行深入山區、登山2個小時後才抵達之處。該二部落應是排灣族布曹爾亞族巴武馬群的筏灣社群（今屏東瑪家鄉排灣村，原稱筏灣村）。為何不是泰武鄉萬安社呢？因為一則路程不符，二則稍後史蒂瑞提到「此社正與南方那座山的部落作戰、也就是剛才渡河處的那個部落」。萬安社同屬巴武馬群，即在筏灣社群的南邊。所以史蒂瑞所到的地方並非大武山麓，而是大武山西邊數哩外的筏灣社群。這是筆者的考證與推論。

他們上到已開墾的地方，史蒂瑞發現這裡開闢土地的情形與北方賽德克族的方式相似。土著用板岩、芒草圍成小台地，保護土壤免被雨水沖蝕，仍使用原始的掘杖、手鍬為耕種工具。

經過2個小時累人的攀爬，山勢突然垂直的聳立在眼前，小徑被一座高約9呎的土牆截斷，須靠竹梯才能通過，這是部落的防禦措施。上到土牆，終於看到建在陡峭山坡上的第一個部落，隱約浮現於竹叢、樹林之間。

## 排灣族的部落——射鹿社

部落外圍有塊小農田，站著一位仰天直視、雙手高舉的老人，似乎在祈天福佑他的新種農作，也似在驅逐史蒂瑞一行人可能對農作物帶來的邪惡影響。老頭就一直動也不動的停格在那裡，直至外來的陌生人消失為止。

該村約有200人，很可能是位在隘寮南溪上游支流伊達布魯溪（Itaburu）右岸的「射鹿」舊部落。射鹿社的排灣語稱為Tsarisi, 意為「地勢急傾斜」，它與稍後史氏訪問的第二個部落高燕社或稱巴達煙社（Padain）常被視為同一部落。高燕社原意指「位在斷崖下方，狹窄突出的平坦地」，座落於射鹿社北方不遠處。

村落最顯眼的是用木柱撐高離地數呎，上覆樹皮、乾草的小圓型穀倉。據日治初期森丑之助的觀察，這種用茅草修葺成半球形的穀倉，是排灣傳統的造型。

「房子呈長方形，很低矮，用板岩建造，屋頂也覆蓋石板。地基深入靠山的山壁，屋頂都朝背山面方向傾斜，簡直與山融為一體，只要距離稍遠，就不

▲ 排灣石板屋（Shinji Ishii）

容易被發現。屋頂用粗樑柱與石壁撐頂，內部隔成幾個房間。門、窗則用石板作成。」史蒂瑞描述的是排灣北部型板岩石屋，呈橫廣式，他在另篇文章補充道，「房屋幾乎都呈南北走向，大門朝東…門很低，幾乎要用爬的，才能出入。」

社民都坐在屋前石板舖成的前庭，大門緊閉，聽說已在外面好幾天未進屋了。「可能與新年習俗有關，但更可能是播種期的一種迷信」，史蒂瑞如此猜測，只可惜他沒有、也可能沒機會問清楚。

「我們被帶至頭目的住處，他正蹲在門前抽煙，身穿象徵地位的雲豹皮。儘管我已先行奉上紅布禮物，接見時他的態度仍顯冷淡。」以紅布當禮物，應是曾跟隨李仙得深入山區的王嘉之建議，排灣族很喜歡紅布，甚至把它製成紅旗，當作友好、和平的象徵。

▲ 排灣佳平社頭目住屋（Shinji Ishii）

至於社民呢？他們也因禁忌關係，不准與史氏接觸，不許送東西或賣東西給客人，不准帶客人到他們的住處、田地等；不過倒是可以接受客人的禮物。史氏舉了一個隨行平埔人借火抽煙的例子，「平埔人向在抽煙的土著借火，土著剛要借給他，一年長土著叫出『禁忌』（Parisi），點著的火立刻被拋在地上。我們只好到處蒐購火柴，好讓同伴可以快活似神仙。」

幸好他們自備食物，王嘉生火作飯；土著仍在禁食期間，臉色陰沈的坐在一旁觀看。當晚有下雨的可能，一行決定夜宿穀倉下。有好心土著出借一間未被禁忌盤據的小茅屋，並云午夜時刻禁忌就結束，屆時可與他們住進石板屋。但爬山已累歪的史氏與巴德決定在茅屋將就，王嘉與平埔苦力則與土著一齊守夜。

雖然禁忌使土著不能與他們進行交易，但並不包括頭目有權支配一些未婚少女的習俗。他們抵達不久，即有3位盛裝年輕女孩，身穿刺繡裙子、頭戴花花草草編成的頂冠，在頭目屋前唱歌、跳舞，「我們以為這是歡迎賓客之禮，但王嘉說只要10銀元（另篇文章寫為20元），就可買下任何一個女子。頭目指著她們，希望我們買下。聽說很多女子賣給平埔人，每個要價20元。」史氏、小巴對此沒興趣，吃過晚飯進屋睡覺，女孩們仍在他們睡的茅屋前高唱20音節組成的單調歌曲，每次唱完稍作停頓，然後又再重覆一次。

▲ 盛裝排灣婦女（Report on the Control of the Aborigines in Formosa, 1911）

約近午夜時刻，他們被穿透茅草屋頂、滴下來的雨水驚醒，不久（另文寫為晚上10時許），平埔苦力進來告訴他們禁忌已結束，土著正在屋內喝他們帶來的薑汁酒，邀請史氏等人也一齊參加。但他們決定留在原處繼續睡覺。

不過睡得並不安穩，因為大部份的時間一方面要閃躲滴下來的雨水，另方面分心聆聽土著的歌曲。進屋飲酒作樂的土著所唱的歌，類似那3位未婚女孩，「女人先開頭低唱『安——安——啊，安——安——啊』（an-an-a, an-an-a），然後逐漸拉高聲音，直到喘不過氣來才停，接著吸一大口氣。稍停片刻，輪由男聲上揚。這種男女輪唱方式甚少變化，一直進行到清晨才結束。」

次晨，喝完酒、唱過歌的土著顯得神清氣爽，還略帶幽默。史大個被邀進石板屋參觀、指教，當然憑他193公分的身高，想必小巴的個子也不矮，所以是用爬的姿勢進門的，「我們發現室內相當安靜、舒適，地面用平整的石板舖成，石床在屋內角落上覆草蓆。幾隻蜜蜂在屋內飛來飛去，原來牠們的蜂巢在床下，通常每座屋子都住有一群蜜蜂。」

排灣族早有養蜂文化，且相當有成就。他們自野外覓得蜂巢後，連巢帶回家中，置於編簍中飼養。而史氏觀察到此社居然在家中豢養蜜蜂，可說更進一步，已把蜜蜂馴化成「家畜」了。

雖然禁忌期已過，但史蒂瑞仍很難蒐購到想要作為標本的土布、武器等物。有次正要以一塊布料換一支造型奇特的木刻煙斗，旁觀者一句「怕你死」（Parisi,「禁忌」之意），就打斷了這個雙方急欲進行的交易。幸好仍有土著趁旁人不注意，偷偷和他們交易。

史蒂瑞很想造訪北方才一哩遠的大部落，頭目對他拿出的薄禮嗤之以鼻，開口要求得給大匹紅布才肯派嚮導；平埔苦力則坦承不敢再深入，不過老史、小巴仍執意前往，帶著王嘉逕自出發。稍後，一位急欲獲得小塊紅布的土著偷偷地跟來，自願當嚮導。

土著正播種、整地，大多數是老人，看到陌生人走近，連忙跑開。老史撿起土著遺留的鐵耙，「他們跑回，高喊『怕你死』！一把將鐵耙搶回。」途中，穿越一處很深的溪谷（可能是隘寮南溪上游支流伊達布魯溪Itaburu），谷底長滿桫欏（tree ferns）、蔓藤、密林。老史耍個藉口，獨自入林，約莫是要大、小便之類的託辭。「我在落葉叢發現一些陸貝，彎腰撿拾之際，一位跟蹤而至的年輕土著見狀，高叫『怕你死』！直直地衝撞過來，搶奪我的斬獲物，直到他發覺這場角力必輸無疑，這才訕訕然離去。被他一攪和，自覺無趣，掏出剛才一急放進嘴巴、口袋的寶貝，心想也該夠了，大步走出林區，回到炙熱的小徑。稍後，路旁有些罕見的羊齒植物，正想採摘之際，也在『怕你死』的吆喝聲中被迫放棄。」

## 排灣族的部落——高燕社

第二個部落（極可能是高燕社）人口相當多，約1,000住民，「屋舍式樣與前部落相同，聽說兩部落實際上是同一部落，只是分開居住而已。此地正與東方的番社作戰；也與跨溪（萬安溪）處南邊那座山的部落為敵。」史蒂瑞這段話，提供了一些線索。

根據小島由道《筏灣村須知簿》記載，高燕社與射鹿社因距離近，常被視為一個部落，日治初期，舊部落位於伊達布魯溪右岸陡急的傾斜坡上，標高約970公尺。如據史蒂瑞入山的方向、登山的時程、距大武山的距離與方位，以及山的形勢，應就是高燕、射鹿無疑。兩社南邊山上的部落應是萬安社；那麼東邊的呢？依目前的位置似為今泰武鄉平和村的卑馬社（排灣族）；但如依舊部落址，與東北方的魯凱族好茶社（Kochapogan）隔隘寮南溪相對，且雙方為世仇，所以東方的部落應是好茶社。引起筆者好奇的是高燕、射鹿社西邊隔著伊達布魯溪的下排灣社（Supaiwan），雖同屬筏灣社群，但彼此卻自認是兩個獨立且相互敵對的部落，日治時曾強迫遷村兩次才完成。

為何同屬排灣族筏灣社群，卻是世敵呢？根本的原因可能是兩者不同族。高燕、射鹿為排灣族，信奉蛇生起源說；但相信太陽卵生起源傳說的下排灣社有可能是箕模人（Chimo）。據李亦園院士〈來義鄉排灣族中箕模人的探究〉，箕模是指原居住在山腳下而與排灣人不同的人。它是一個非常古老的族群，比排灣還久遠，不論是起源傳說、宗教信仰、生活習慣皆與排灣有別。不過，目前已融入排灣族了。只是不知道箕模人與李斯（Ludwig Riess）提到的、可能來自琉球群島的瑯嶠人（Lonkiu）是否有關？他引述荷蘭人的記載：「荷蘭人在島的南部高山中，發現瑯嶠人與裸體的蠻人雜居在20個村中，他們與島上所有其他馬來人有人種學上的明顯差異。這種民族，比附近的村民開化得多。他們膚色比較好，體格較小；已生活在貧窮的狀態。」

第二部落（高燕社）可以清楚看到東方幾哩外的大武山群，史蒂瑞仍盤算如何攀登那座可眺望太平洋的高山，再下到東海岸；但人少勢寡，又無土著願當嚮導，只有徒呼負負。

一行被請進酋長住處，屋頂橫樑雕刻細緻、精美，是此行僅見。屋內擺滿從別處搜括來的掠奪品，包括可能已被馘首的漢人使用過的鐵耙，以及歐洲或美國失事船舶殘留的帶鏈魚叉。幾位婦女坐在地上編製揹簍、竹蓆，頭目叫一位女人送上水煮芋頭，「這幾乎是這個部落在我們停留期間，唯一的好客表現。」

▲ 排灣族人頭骨架（Report on the Control of the Aborigines in Formosa, 1911）

王嘉知道史蒂瑞對土著獵頭之風很感興趣，於是開口表示希望參觀，「我們被帶到壁龕處，內擺幾個頭顱。然後去到一間茅屋，角落堆滿頭骨，一群10～15歲的男孩卻若無其事的躺在屋內的竹蓆上。我想這裡應是他們傳統的少年組織會所，那些頭骨可能是用來培養少年的勇氣，增加他們取敵人頭顱的慾望。」史蒂瑞提到婆羅洲戴亞克族（Dyaks），也有類似培養少年的情形。他所看到頭骨皆已陳舊、白化，判斷這個部落可能因為與山下較文明的平埔鄰居，進行以物易物後，而放棄不符利益的馘首活動；另外，也可能與他們人數不多的弱點有關。

同時，史蒂瑞發現土著很少出獵，不像北部賽德克族那麼頻繁，也許已較依賴耕種維生。他也收集了不少排灣語彙，與平埔族、賽德克族同屬馬來語系。

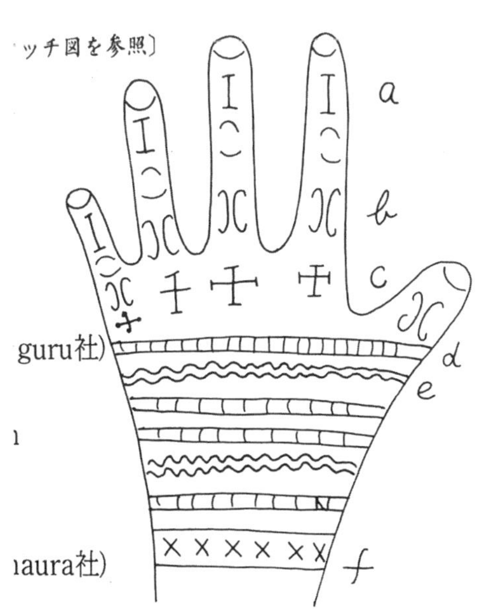


▲ 排灣女手背刺青（伊能嘉矩）

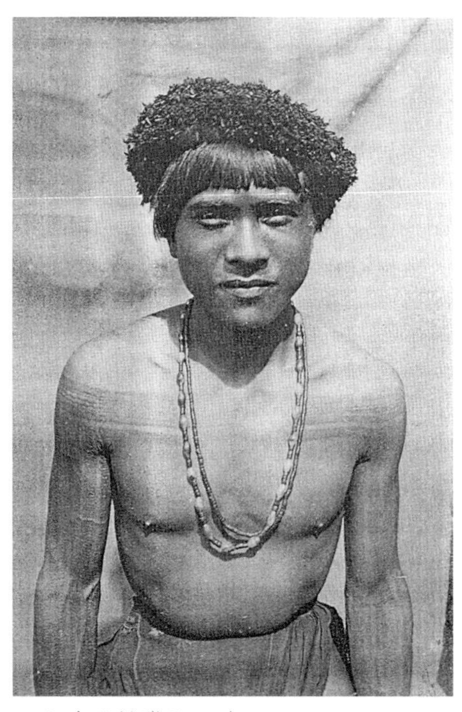

▲ 紋身的排灣男子（Report on the Control of the Aborigines in Formosa, 1911）

史氏觀察，土著身材十分矮小，平均身高幾乎不到5呎，但他在另文寫為略超過5呎。依金觀丈夫的測量，排灣族平均身高157.6公分。他們服飾受到平埔族的影響，已大量使用漢布，但仍穿著傳統的皮帽、自織的麻質衣服。刺青盛行，但不像賽德克族刺在臉上，婦女在手背刺幾條大型橫紋，每條橫紋中有多條細紋交織；每指的兩指節間刺紋相連；兩條窄紋把五指分叉處連結起來。男人在手臂刺青，一直連接到胸部。從荷蘭時代即有的戴花環習俗，迄今仍盛行，而且男、女都喜作這樣子的打扮。

## 告別福爾摩沙

史蒂瑞等人回到前一村會合平埔苦力、收拾行李，立即下山。抵達山腳萬安溪，幾位土著男孩正以掛在竹桿上、內有幾個袋口的圓型魚網撈魚，「把網放在溪中巨大的鵝卵石旁，將竹桿輕搖幾下、讓魚蝦游進袋中，再行撈起。他們撈到一些美國學童都會嫌小，而隨手丟掉的小鯉魚、小蝦子；但這些男童卻視若珍寶，小心翼翼的放好，由此可見土著實在缺乏動物蛋白質的來源。」

周六晚間回到萬金天主堂，雉雞獵人已全部回打狗去了。史蒂瑞決定周日在萬金庄休息一天，一則消除疲勞，再則也可多瞭解平埔天主教徒。不過當地的平埔族顯然已從喬賢明神父那裡得知他雖是基督徒，但卻是不做正式教會禮拜儀式的貴格教友派（Quaker）信徒，在信奉天主、勤上教堂的平埔信徒眼裡簡直是個異教徒，所以對史氏態度不算熱絡。貴格教友派反對在任何情形下使用暴力，史蒂瑞似乎並未澈底遵守這點教規，否則他不會在眉溪時動槍，也不致於在萬安溪邊搶下土著的火槍。

史蒂瑞花了點時間與喬神父討論有關教會、信仰的問題，神父苦口婆心地規勸他要上教堂，否則無法得救。史蒂瑞在天主堂牆上看到兩幅令他震撼的彩色版畫，顯示正直者與邪惡者死亡的對照，很顯然地是針對漢人設計的。第一幅畫中有位漢人安詳的躺在床上，綁小腳的老婆及他們的孩子圍在床邊，一位神父高舉十字架在床前為瀕死者祈福。屋頂開啟，天使準備將亡靈迎往天堂，另位天使則發出雷電轟打半身陷在地板下的噴火魔鬼的頭上。

另幅版畫上，一位瀕臨死亡的男人跪伏在床上，床邊賭桌上擺著鴉片煙斗，有個魔鬼以鐵鍊套在他頸上，準備拉進無底深淵；另一位魔鬼手持三叉長矛協助押離，地板則冒出熊熊火焰與濃煙。

隔日，史蒂瑞記為周一，由萬金庄出發、返回打狗。至於日期，密西根大學的資料寫為3月23日，筆者根據馬偕上年11月23日（週日）初次遇到史蒂瑞的日子，用笨方法往後逐日推算，假如1874年2月不是閏月的話（事實上不是），那麼1874年3月23日確為禮拜一，也就是史蒂瑞返抵打狗的確切日。3月31日他搭上海龍號，揮別停留半年的福爾摩沙，離開打狗赴廈門。他雖然永遠離開了台灣，但100多年後手稿的發現，得於讓我們橫越歷史天空，細細品味百多年前的老台灣。

# 史蒂瑞台灣先住民族群田野調查筆記[1]

作者・史蒂瑞／譯註・陳政三

## 一、「熟番」——巴宰族

漢人稱他們「熟番」（Sek-whan）, sek成熟（ripe）的意思，「番」代表異族（foreigner）或野蠻人（barbarian）。他們的祖居地在彰化北方，仍有約2,000人住在內社（Laisia）與大社（Toasia）；約4,000人似在30年前遷居埔里社（Polisia），自稱巴宰族（Paijek or Pazih）。他們似乎已喪失部落傳統的統治方式，有些人用錢向清國地方當局買官位。

他們已習得漢人的耕種、灌溉方式，培植稻米、甘藷，並且畜養很多水牛用來犁田、拖拉二輪牛車。牛車輪有軸心，在裝載貨物的車板下方旋轉。他們不如漢人勤勞，熱愛狩獵、捕魚。用漢人製造的火繩槍打獵，也擅長使用陷阱捕捉鹿等動物。捕魚的方式很特別，於寬淺的溪中築壩，待大部分的河床乾枯，再撈拾小水潭及石縫下的魚蝦。

巴宰人衣著大致像漢人，也蓄留髮辮；但仍有人穿麻布製成的獵衣（hunting coat），看起來比漢人壯碩、結實，沒有後者特有的單眼皮或其他外觀特徵，除非彼此通婚生下來的後代。男性外表相當粗獷，有張顯眼的大嘴；婦女大都暴牙，不綁小腳。

他們自己人之間仍使用巴宰語，有些老人完全不識漢字，但年輕一輩已有很多人懂漢字。住在內社、大社的巴宰人很妒忌漢人，因為後者把他們趕出家園，使其負債累累。他們曾仿傚漢人的偶像及祖先崇拜，但一度仍保有本族古

1 譯文（ ）內中文文字為譯註時加入，原文並無。

老的祭祀舞蹈，據說目前仍祭拜野鹿的頭骨。某位老人（按潘開山武干）曾遠赴150哩外的台灣府城教會醫院治病，將在那裡學會的基督教義帶回（埔里社）部落，目前大部分族人已摒棄偶像及祖先崇拜，改信基督教。

他們音感十足，很容易就學會歐洲歌曲，也保存許多與漢族完全不同的本族音樂，還把聖歌編入自己的民謠吟唱。傳教士在巴宰族村社成立了幾所學校，很多兒童已會說寫羅馬字母拼音的白話。他們極愛喝自釀的米酒。

## 二、「水番」——邵族

「水番」是純種土著組成的奇妙小部落，座落於埔里社南方約20哩處的小湖畔（日月潭）。湖長2、3哩，有幾種魚類，人們划著有數百年歷史、用樟木挖空成的蟒甲舟航行湖上。邵人住在湖畔幾座小村，共約1,000人，原擁有湖邊全部的土地，但不久前，大部分的地已向漢人交換酒等之類的物品，後者仍持續地在啃食他們所剩不多的土地。

▲ 邵族蟒甲舟（Report on the Control of the Aborigines in Formosa, 1911）

卲人身材相當矮小，不過長相正常。男人在成年前敲掉上顎犬齒，穿著長及股部的鹿皮胴衣，頭、腿、手臂皆裸露在外；不剃頭、留長髮，在後面打上一個結。婦女穿著向漢人買來的布料製成的衣服，腿綁護脛布。他們是極佳的獵人，用竹枝、泥土做牆、上覆茅草的大房子掛滿猴頭、野豬頭當裝飾品。數個家庭同住，每個家庭各有一具（竹編的）睡、坐兩用平台狀床舖，以泥竈標誌出各自擁有的範圍。

他們向附近的漢人借錢，因此須以幫忙耕田、割稻還債；不似漢人用扁擔挑物，而是將收成的稻米置於背後小木架，揹回村裡，邊走邊唱暨奇怪又單調，但旋律十足的嗡嗡歌聲。

自種的菸草品質極佳，喜歡抽煙，而且抽得很凶，往往抽到菸草燒成灰燼為止。他們十分迷信某種鳥的啼鳴，如果在右邊啼叫，代表吉祥；如在左邊表

▲ 卲族演奏嘴琴、弓琴、鼻笛（Report on the Control of the Aborigines in Formosa, 1911）

示惡兆。頭目為世襲制。邵族似乎與附近的（賽德克）獵頭族關係很小，甚至彼此毫無淵源，而且怕死他們了。

## 三、「生番」──賽德克族

「生番」（Chewhan）係對所有不馴服的原住民的統稱。我們碰到的那些（「霧番」）住在離埔里社東方約30哩地，據說附屬於三十社總頭目阿畏亞丹（Awiatan, 另文用Aweatan；甘為霖則寫為A-ui-a-tan）旗下。他們身材相當矮小、面貌醜陋，經常爬山、遊獵使得肌肉十分結實。男人只穿長及股部的粗麻胴衣，身體其他部分裸露；女人則用織成細條狀的麻布（沙龍圍裙）裹住身體。男人的耳朵穿洞、插入竹管，偶有塞進大圓貝者；女人則喜在頭頂佩帶白貝珠鍊，狀似冠冕，也掛貝珠耳環。

男人在前額、下巴用油、灰調製成的煙墨紋面。女人則在額頭刺上4、5處水平長方形額紋，小腿前方也刺上類似這種長方形紋；另在兩耳與上唇人中之間，刺有3條緊鄰的平行線，另3道平行線由耳邊連至嘴角，再3道由耳朵下方連到下巴。3處平行線之間，刺細密網狀紋，交織成一顆顆細鑽石形狀。男女（在成年前）皆有拔掉某些牙齒的習慣（拔去門齒兩側之上前齒2顆，或連上犬齒共4顆）。

似乎缺乏平坦的溪谷地可耕種，只得砍掉小樹、火燒大樹，然後在空地種植不須灌溉的旱稻，在殘株間種小米、芋頭及甘藷。為了防止土壤滑落，在山坡地以石板築成一小塊一小塊梯形台地。幾年後，另覓它處開墾，原地任其生長樹木；之後再返原耕地，又是一番砍樹、焚山的輪耕。土著將收成的穀物儲放於造型奇特的穀倉，樹皮、木柴及乾草為頂，用柱子四面架高、離地4到5呎，每根柱頂靠近懸空穀倉處，各有一個圓木蓋朝下，防止松鼠之類的動物爬上取食。

住屋通常嵌入山壁，地基低於地面2、3呎，石壁四圍，用樹幹架樑，再用交錯的樹枝頂高3、4呎，最上面舖蓋茅草屋頂，沒有任何窗戶，僅一小門可採光。每間房屋有地灶二處，顯然住著兩戶家庭，所用的烹食器皿、生鐵鍋都得自漢人，自製的只有取水的葫蘆瓢，沒看到任何陶器。

▲ 泛泰雅族住屋（左）與穀倉（右）（Report on the Control of the Aborigines in Formosa, 1911）

打獵用的火繩槍也取自漢人；但割漢人首級則用長彎刀，以及8到10呎長的竹柄、尖鐵長矛。出草時側揹馘首袋，袋子用狗毛編織，染成紅色，並以漢人的骨頭作裝飾，正方形、四角微彎。馘首代表榮譽，年輕小夥子未獵得人頭前，絕對討不到老婆，故而經常監視漢人的一舉一動，直到有人落單且毫無抵抗能力，就遂行突擊。他們敲下首級的牙齒當項鍊，頭骨則如稀世珍寶般地被供奉起來。土著有很多可怕的迷信，禁忌特多。據說親人死後，即迅速埋葬遺體，然後頭也不回的跑開，以免惡魔纏身。她們在竹片挖凹槽、內鑲（黃銅）簧片，成為（嘴琴）樂器，吹奏時（左手拿一端、嘴唇就琴）牙齒輕含竹片吹氣，以（右）手扯動綁在竹片上的細線，即可發出略似單簧口琴（Jew's harp）的音調。通常用幾種不同大小尺寸的嘴琴合奏，相當動聽；這種樂器似乎專屬於女孩及年輕婦女（青年男子亦喜吹奏，只是史蒂瑞到訪時他們都外出而已）。

他們是極佳的獵人，經常採取圍獵的方式；將取得的野豬、熊、鹿…等動物的頭骨掛在屋內外當裝飾品。

## 四、平埔族 — 崗仔林的西拉雅亞族

西拉雅亞族（Siraya）散居台灣府城東方山區，長相好看；但與漢族已有某種程度的通婚關係。男人的衣飾與漢人一樣；但女人仍維持傳統服飾，上身為合身短上衣，下著寬鬆長褲，以布巾覆頭、布巾兩端在頭側綁成翅膀狀，比漢女的服飾好看多了。

除了少數老人會說一些西拉雅語外，一般人已不使用母語了，且似乎好幾代以來都如此。他們擁有許多用羅馬拼音書寫母語的古老手稿（按「新港文書」），但已無人懂得如何解讀。這些手稿必然是荷治時代教化的遺跡，從上面的年代可看出，荷蘭人被趕出台灣後的二、三代，人們似乎仍能書寫這種文字。

荷治時期，他們極可能住於府城附近（原居台南舊市區的赤崁社、台窩灣社，遷居台南市新市區成立新港社，崗仔林的平埔族為新港社的分支），後來逐漸遭陸續湧進的漢族鯨吞蠶食、被迫遷移至山區，目前還欠漢人一屁股債。所擁有的土地極貧瘠，生存困難，故幾年前（1821～50、道光年間）很多人離開家園，穿過「生番」的領土，另覓一處遠離漢人魔掌的地方，現在應該已在島東建立起新家園了。

他們已大致放棄曾熱愛過的漁獵生活，像漢人一樣仰賴農耕維生。基督教長老會的到來，使得大部分西拉雅人立刻拋棄祖先及偶像崇拜，成為基督徒，並建立教堂定期集會。他們就像其他先住民族一樣，喜愛音樂，不但會唱自己的民謠，而且很快學會傳教士教的聖歌。

史蒂瑞取得的29件新港文書如下：

(1) 七月（無年代）。

(2) 乾隆十年五月。

(3) 乾隆十四年十二月十九日。

(4) 乾隆九年九月五日。

(5) 雍正八年七月十一日。本件有漢文對照。
(6) 雍正年間。部分年代、日期以漢文書寫。
(7) 乾隆九年五月七日。有漢文圖章及文字。
(8) 乾隆二十四年六月十二日。
(9) 乾隆十六年五月十九日。
(10) 乾隆十一年四月。
(11) 無年代、日期。缺頁的長文件。
(12) 乾隆四十一年六月一日。
(13) 無年代、日期。人名名單。
(14) 無年代、日期。另一份人名名單及其他內容。
(15) 乾隆十六年四月二十八日。書寫清楚。
(16) 嘉慶十五年。有漢文圖章。
(17) 雍正十年十二月八日。有漢文圖章。
(18) 無年代、日期。斷簡殘文，背面有漢文。
(19) 乾隆二十年；月、日以漢文書寫。
(20) 無年代、日期。
(21) 無年代、日期。以漿糊黏補的斷簡殘文。
(22) 乾隆二十二年十一月。
(23) 乾隆三十四年元月（原文誤寫為乾隆五十四年）。有漢文圖章。
(24) 乾隆元年四月十三日。
(25) 乾隆元年（年代模糊不確定）十二月十六日。
(26) 乾隆十五年二月二十一日。有漢文圖章。
(27) 雍正九年九月九日。有漢文圖章。
(28) 乾隆二十一年。
(29) 漢文文書，立於雍正至嘉慶年間。

## 五、萬金庄的（馬卡道）平埔族

天主教已在台成立8年（另文寫為10年，但正確的應是14年），萬金庄有

250名平埔信教徒，約近全村的一半人口（可能指成年人）；附近村庄信教者比例較小。他們擠在山麓貧瘠地帶討生活，負債情形相當嚴重。生活習慣已十分漢化，不像北方的崗仔林平埔人有綁頭巾的習慣，髮型已似客家人（剃頭、辮髮），戴純漢式的斗笠；女人則在斗笠綴上玻璃、流蘇作裝飾。

據說他們與北方的平埔（西拉雅亞族）有關係，但係同族（西拉雅族）的另一支（馬卡道亞族）。根據我從崗仔林某老嫗處登錄的語言，與此地的語言相比對，發現兩者略有差異。男人體格壯碩，許多人長得挺高的。人們下田時，必定隨身攜帶長矛，以防遭到山區土著的攻擊。

## 六、「傀儡番」——排灣族

▲ 排灣夫婦與子女（Report on the Control of the Aborigines in Formosa, 1911）

平埔人稱打狗（高雄）東方山區的土著為傀儡（Kale），後者住於靠平原的山區，在光禿禿的山坡種植小米、甘藷，以材薪（等山產）與平埔人交換布匹、鹽巴、山酒等物。部落附近數哩地的樹木已砍伐一空，種植穀物。像北方（賽德克族眉溪社）的土著一樣，排灣人以板岩、砂岩作成台地，再以蔓藤、芒草堵塞縫隙，防止薄薄的土層滑落。用尖銳的樹枝（掘杖、手鍬）翻土耕種，有時使用三叉鐵耙（俗稱「山貓仔」）。

我們訪問的第一個部落（按射鹿社）位於萬金庄北方5、6哩的小溪（伊達布魯溪）上方，人口約2、300；再往北2哩處，有3、4個散村構成的（高燕社）部落。這兩個社似乎屬於一個大部落，雖然附近其他土著與他們習俗相同。他們的房屋呈南北走向，門口朝東，可能源自習慣，也可能是村社位置使然。土著在山坡鑿洞建築石板屋，形成某家的屋頂與上方另一家地板同高的階梯狀現象；地板、庭院、屋頂都以石板鋪蓋，再以嵌入石牆的樑木支撐石板屋頂。門戶很低窄，我們只好用爬的進去，石面地板整理得很乾淨，屋內四周環設的石床上鋪月桃草（plantain, 可為芭蕉或車前草，但排灣慣用月桃草編蓆）編製的蓆子，供睡、坐兩用，並在床下石壁挖洞，好讓蜜蜂築巢。

他們的穀倉極像北方（賽德克族）土著所用之物，用四根木柱撐離地面4呎，再以圓形石板塊嵌入木柱與穀倉連接處，防止老鼠、松鼠爬上偷吃，最上面覆蓋茅草編成的圓錐形倉頂。

我們沿著一條曲折的山路小徑赴第一個部落，進村社處有座垂直的峭壁橫阻，旁築高約九呎的土牆防禦工事，須靠竹梯才能通過；遇危險狀況，只消將竹梯抽上，即可阻止敵人進犯。

土著十分矮小，可能僅略高過五呎，但肌肉發達，尤其是常走山路訓練出來的腿部。他們不似北方（賽德克）族群有拔牙的習慣；男人將前半頭髮剪短成四方形，後半蓄長、在背後打上一結；不留鬍鬚；紋身的情形不普遍，也許只在獵得人頭後才有資格（刺青為貴族的特權）。

▲原住民使用的武器（理蕃概要，1913）

男人穿藍色漢布裁製、長

近膝蓋的長胴衣，不穿褲子，有的頭戴用獸牙做成薔薇花樣裝飾的皮帽，有的穿已脫毛的鹿皮衣；世襲頭目則穿著代表權威的山貓（tiger cat，可能指雲豹）皮衣。婦女前額覆髮，其他頭髮後梳，用綴琉璃珠的彩色絲線綁在腦後。男女皆喜在頭上佩戴野花，女的偏好花環，戴起來特好看；男的則插上帶葉花朵。女人穿著漢布質料的合身長袍衣，有時也穿自織的山地布長膝褲，自織的布料不多，膝褲、短胴衣有紅黃絲線鑲邊的刺繡。她們在手背刺上3條大型橫紋，每條橫紋中有多條細紋交織；每指的兩指節間刺紋相連；兩條窄紋把五指分叉處連結起來。

土著的鑲銅或鑲銀木煙斗刻有怪誕的人面，刀柄、刀鞘刻著相同的圖樣。他們的武器有粗糙的弓箭、竹柄長矛、鐵刀及老舊的火繩槍。長矛頭端用紅黑線綁著一簇頭髮；火槍比漢人使用的短許多，以自煉的銅線纏繞槍身，我曾參觀過土著的鐵匠舖。頭目住處陳列許多漢人農夫用的鐵耙，以及取自船難事件

▲ 排灣少年會所（Report on the Control of the Aborigines in Formosa, 1911）

▲ 排灣族人頭骨架（Shinji Ishii）

的帶鏈魚叉。

他們沒有自製的陶器，所有陶器皆得自漢人；用葫蘆取代水瓶、水桶的功能；用漢人製的鐵鍋煮食。（酋長的）屋內壁龕，供奉幾個頭顱；另處供少年住宿的小屋（少年會所）角落，排滿八列的頭骨；（不過所看到的頭骨皆已陳舊，）馘首行為似乎已漸不流行。

土著每3天與平埔人在（萬安溪）溪谷旁空地，以物易物一次，交易時，雙方高舉代表和平與交易進行的長矛。平埔人驅趕牛車，載著布匹、山酒、檳榔等物，前往交易地與土著交換薪柴；土著則揹著柴薪、側掛鐵刀、手提長矛下山換物。

播種期間禁忌特多，為怕外人入社導致烈日烤焦小米種子，土著並不歡迎我們；經施予重賄，這才答應。他們揹起我們的行李，朝溪谷上游前進，不多久卻將行李丟在地上，要求先獲得酬勞，否則拒絕帶路。給了一塊（紅）布，仍嫌不夠，最後我們認為再多的布，也禁不起無端的需索，決定放棄上山、踏上歸途。但他們不願歸還已到手的布，我一把搶過領隊的火槍以策安全，最後他們帶回（已先送上山的）布匹，我們遂轉身下山。土著見狀態度大變，反而勸我們上山，於是再順溪谷而上，攀登一座高山，穿越長草區，上到正播種的高坡地，一位男人站在田裡，似乎用手勢驅除我們可能對農作物帶來的邪惡影響。

我們攀登竹梯、進入（射鹿）小村社，（造型奇特的）穀倉挺顯眼的。所有的房門都緊閉著，社民坐在屋外靜待禁忌期結束。禁忌之一是，不得給陌生人任何東西，連借個火給同行的平埔苦力點燃煙斗也不可以，說這是禁忌（parisi）；他們倒是提供一間未被禁忌嚴重盤據的小屋讓我們休息。（屋外）幾名頭戴鮮花的盛裝少女，一再重複吟唱由20音節組成的單調、但旋律十足的歌曲，頭目指著少女，希望我們有興趣買下；許多少女賣給平埔人，每名值20元。吃過晚飯，躺在茅屋裡睡覺，雨水不斷穿透屋頂滴下。晚上10時許，禁忌解除，土著進屋暢飲我們帶上山、當作和平禮物的酒，還搖醒我們、邀請同歡，不過我們想繼續睡覺，所以婉謝了。土著在他們的屋內輪唱，某些人（女人）先開頭，其他人（男人）接續，每一輪唱到喘不過氣來才停止，然後快速地吸一大口氣。

（第二天）早上，頭目拒絕我給的小塊布料，要求得給大塊（紅）布才肯派嚮導帶我們到北方的（高燕）大部落。我們端起槍、自行出發，（一位想得到紅布的）土著見狀隨後趕來引導。沿途人們正忙於播種，芒果樹盛開著花朵。幾位婦女用奇特的三叉耙清理田地，我順手拿起一支觀察，其中一女高喊「怕你死（禁忌）」（parisi）！馬上將所有工具收拾起來，以防我再偷瞧。

經過幾處溪谷，谷中長滿植物，包括熱帶桫欏（tree ferns, 筆筒樹、台灣樹蕨、台灣桫欏），想採集它們，但土著卻高喊「怕你死」！我採集到一些陸貝，也遭「怕你死」嚇阻。禁忌期不得與外人交易，雖然他們不拒絕我們送的任何禮物；幾位土著背著頭目與我們進行地下交易。

# Part 2 提頭散步老台灣

# 學者外交官布勒克

布勒克（Thomas Lowndes Bullock, 1845～1915），1869年起進入英國駐華領事圈服務，1870年代，曾服務於淡水、打狗、台南等領事館當翻譯官，之後調往中國大陸，服務了很長的一段時間。1885年任英國駐北京公使館會計，1886年代理漢文副使、漢務參贊，1888年實授漢文副使，1897年出任駐上海領事、同年退休。職業外交官生涯結束後返英，1899年在牛津大學擔任漢文教授，留有〈台灣原住民方言與馬來語的比較〉（Formosan dialects and their connection with Malay）（1874）、〈台灣中部內山行〉（A trip to the interior of Formosa）（1877）、〈福爾摩沙〉（Formosa）（1919）等涉台文章，另編有《漢文書寫漸進練習》乙書（*Progressive Exercises in the Chinese Written Language*）。他與1866年陪伴英國植物學者柯靈烏（Cuthbert Collingwood）、走訪台灣的海蛇號軍艦（*Serpent*）布洛克船長（Capt. Charles J. Bullock）常被搞混，但實際並非同一人。

他很好動，只要有機會就四處探險、打獵。1873年10月，耳聞南部基督教長老教會甘為霖牧師（Rev. William Campbell）與美國博物學者史蒂瑞（Joseph Steere）將赴中部日月潭、埔里訪問，興沖沖的趕到台灣府城（台南），加入探險行列。留下〈台灣中部內山行〉乙文。

# 布勒克台灣中部內山行

1873年10月13日，英國駐打狗（高雄）領事館翻譯官布勒克（Thomas L. Bullock），耳聞南部基督教長老教會甘為霖牧師（Rev. William Campbell）與美國博物學者史蒂瑞（Joseph Steere）將赴中部日月潭、埔里訪問，興沖沖的趕到台灣府城（台南），加入探險行列。

布勒克此人挺好動的，只要有機會就四處探險、打獵。稍後於隔年3月，為了打獵，他再度陪同史蒂瑞走訪大武山西麓的平埔族。他在1869年起進英國駐華領事圈服務，自1870年代，曾服務於淡水、打狗、台南等領事館，之後調往中國大陸，服務了很長的一段時間，1897年退休、返英，1899年在牛津大學擔任漢文教授。

布勒克對行程細節的記載相當草率，只說他和甘、史二人帶著僕人、挑夫在10月的某天從府城出發，「前3天，先是北行，然後轉東北方向，穿過漢人居住的西部肥沃平原。第三天傍晚，離開平原進入山區，開始攀登通往山麓的陡峭台地。往後的地方，除甘為霖與另一位傳教士曾到過外，尚無其他外國人去過。」

他簡陋的記載，幸好有史蒂瑞、甘為霖、馬偕牧師（Rev. George L. MacKay）等較詳細的手稿加以對照、補充。他們3人於10月14日出發，同行的有2名僕人、8位苦力。第一晚，下榻火燒店（今台南市柳營區人和里）一間還算大的旅館，與鴉片鬼、跳蚤、豬仔同一屋簷下。第二晚，住嘉義城外小村客棧。第三（16）日，朝東北方山區前進，當晚抵某山麓野村，幸運的獲得駐防軍官的邀請，住進營區。為什麼說是幸運呢？因為一則軍營較乾淨，再則又可避開好奇民眾的圍觀。這個村莊不知是否為邊防重地林杞埔（南投竹山）？《彰化縣志》載：該地「為斗六門等處入山總路。」

老布提到之前曾與甘為霖到過該地的「另一位傳教士」，指的是1872年10

月底與甘牧師同訪巴宰族大社（今台中市神岡區）、內社（苗栗縣三義鄉鯉魚潭村），11月初至埔里社的德馬太醫師（Dr. Matthew Dickson）。不過這樣的說法並不正確。日月潭的邵族水社及埔里東方的賽德克族，迄當時只有甘為霖到過。如指埔里社，則李庥牧師（Rev. Hugh Ritchie）、德馬太、馬偕早在1872年3月即已到訪。這應該是老布聽錯甘為霖的話所造成的。牧師當然不會騙他，可以想像沿途老布耳聞甘為霖說，「去年與德醫師訪某某地，今年我又到某某地，其中水社、致霧番社還沒其他洋人去過…」云云，布勒克要不是太興奮，就是時隔太久才寫下此文，因此把很多事給搞混了。如果把同行的這3人的記載相比對，會發現有時簡直「雞同鴨講」、「牛頭不對馬嘴」。不過，這也是深入比較、研究之樂趣所在。

「第四（17）日，我們順著一條滿是石頭的溪谷東行，不時涉渡從深山奔流而下的溪水（按可能是濁水溪）。下午，攀登一座朝北延伸、長滿矮灌木叢及長草的陡丘，已進入兇悍的土著地盤，即便他們的部落還在好幾哩外，眾人仍緊緊相隨，不敢走散。越過丘脊，突然進入一個完成不同的世界，映在眼前的盡是連綿的尖峰、深谷、坡地，全被綠意盎然的茂密森林所覆蓋，林間滿佈各式各樣的巨葉或長葉植物，還有羊齒類植物（ferns）、熱帶桫欏（tree-ferns），以及隨風搖曳生姿的竹林。當晚住於谷區漢人移民定居的邊境小鎮。」依他們走的路程與方向，這個地方可能是南投縣集集，《彰化縣志》載，此地為民「番」交易之所，入山之要路。

## 湖畔水社

第五（18）日上午，穿過稠密的森林，近2小時路程，來到當時只是小湖的日月潭，「這新月形小湖泊約3英里長，被長滿樹林的高山環抱，山麓插入湖中，形成無數鋸齒狀的小水灣。湖濱平坦處，一畦畦不大的水稻田點綴其間；較和緩的坡地，已砍掉林木，種植茶樹、水稻與甘藷。」抵達湖區，布勒克只輕描淡寫的稱他們即遣散挑夫；但勞資雙方可是為了待遇問題吵翻天，上演一齣「湖濱慘劇」，史蒂瑞描寫生動，「隨行的苦力覺得深入不毛之地、時刻有生命的危險，要求額外的『安全津貼』，工錢應提高成兩倍。勞資雙方經過激

▲ 簡易的抬椅（A. Fischer）

烈的討價還價，最後資方壯士斷腕，付清工資、打發了事。」

這樣的對照，或許可以看出2人的個性與經濟情況的差別。老布身為待遇較高的外交官，由其筆調看來，個性似較大而化之；反之，剛大學畢業、靠伯父資助、長期旅行國外研究經費的老史手頭拮据，加上他有西部牛仔隨時拔槍相向的火爆浪子氣質，可想像與苦力吵的最兇的當是他。至於非紅塵中人的甘牧師，在他的著作沒提及這類芝麻小事。

所以，當邵族水社的老頭目派蟒甲舟（艋舺）來接他們時，剛與挑夫吵完架的史大個子，氣急敗壞的上船，「酋長派艘大蟒甲前來迎接」；反之，老布則寫為，「我們登上兩艘獨木舟駛向湖另端的水社小部落。」依當時尚有3位白人、兩位隨僕，外加划船的邵族人，一艘再大的獨木舟，顯然也容納不下；不過「兩艘獨木舟」有可能是連在一齊的「雙併式」獨木舟，1875年2月下旬訪問日月潭、廈門來的英商柯樂（Arthur Corner）就記載這種特殊蟒甲。史氏記下沿途船夫略帶野性、讚美甘牧師的聖歌（參閱本書〈史蒂瑞中部內山行〉），後者當然要避嫌，未自吹自擂；老布則隻字未提。

▲原住民獨木舟（A. Fischer）

水社擁有自己獨特的風俗、語言、服飾，曾一度人口鼎盛、勢力龐大，但據布勒克的估計，當時僅剩百餘家庭；老史則草估為約1,000人左右。這只是指湖濱附近，不包括移居頭社、貓蘭等地的邵族。布氏認為，「台灣的原住民分為住在高山的『生番』（wild savages），以及與漢人比鄰、住平地邊緣山麓地帶的『熟番』（friendly savages or Sek-hwan）。前者不容任何外力進犯；後者太過溫和，一點也配不上被稱作番。『水番』（Tsui-hwan）除了無攻擊性，其他方面實與『生番』較接近。」

他形容邵人，「長得好看，身體比例勻稱，不太高壯，體態肥胖但健康，膚色呈淡紅棕色，髮質黑直，都蓄長髮。婦女面貌姣好，沉靜而顯得快樂，長髮中分、後梳綁結。」史蒂瑞的觀察與他一致，只是身高方面有別，身高193公分（6呎4吋）的老史云，「邵人非常矮小」，這或許與大個子須居高臨下俯瞰有關。不過據金關丈夫從1936年起，對漢人、原住民長達13年的研究，邵族成年男子平均身高158.2公分，在所有的族群中，算是排在中間的，高過賽夏（大東河社，158）、排灣（來義社，157.6）、雅美（達悟，157.2）、魯凱（大南社，157.1）。

至於經濟生活方面，「他們最愛狩獵這項工作，男人都會使用火繩槍，雖然只有富人擁有這種武器；倒是人人配帶一把長尖鐵刀，厚重得可當砍刀使用，後來我發現不論那一族，隨身配刀是原住民普遍的風俗。邵族有多種漁撈法，其中在夜間以火把吸引魚群的捕撈法，剛巧不是適用的季節，無緣一睹。

有次目睹獨木舟上一位土著，剛好用弓箭射了一條魚，他使用的箭鏃呈四道分叉。土著也耕種自己的小塊田地，或替漢人地主當幫工，湖濱大部分農田已屬住在附近的漢人所有。土著的長形木造高屋，可容幾個家庭，或許是由同一家族內的分支小家庭共住。」老布稱土著以箭射魚；史蒂瑞則稱用網捕魚，簡直是南轅北轍。更離譜的還在後面。

布、史二人難得有志一同，都記載蒐集邵語的情形，且結論相仿。布勒克稍後將包含邵族的台灣原住民語言，與馬來族幾個亞族的語言相比較，寫了一篇〈台灣原住民方言與馬來語的比較〉，發現兩者間有很大的共同性及相關性。史蒂瑞也有相同的結論，並在手稿《福爾摩莎及其住民》（*Formosa and Its Inhabitants*），將邵、巴宰、賽德克、西拉雅、排灣等五族之語言，與菲律賓群島五個族群語言表列對照。

根據史蒂瑞的手稿，甘牧師於抵達當天，向舊識老頭目打過招呼，即先趕往北方的埔里社，探視那裡的教會。他與老布為了打獵、採集標本、研究土著語言，多留了幾天，借宿漢人大地主家，臨走前一天（10月22日），屋主的兒子還被「生番」馘首。那麼，喜歡與他唱反調的老布怎麼說？「（抵水社的）次（19）日早上，我們出發北行…抵埔里社，住在（烏牛欄）基督教區小教堂。」兩者相差4天，到底誰記錯？依據史氏記載蒐購及採集標本、採擷語言、聆聽邵族男童奔放的圓舞曲、屋主兒子的喪事、近80高齡的老頭目白大文（Pai-ta-buk）為獲額外賞金的「十八相送」等，這些鉅細靡遺的描述，不可能在不到一天的時間內完成，雖然史氏常隔一段時日後才撰文，但也不至於像老布拖延那麼久。

布勒克此文在1877年3月12日，發表於皇家地理學會；英國前駐淡水領事館員阿赫伯（Herbert J. Allen）也於同日發表他與李庥、馬偕從淡水徒步到府城的遊記；與會當評論員的有前駐清公使、當時學會會長阿禮國（Rutherford Alcock），以及名攝影家湯姆森（John Thomson）。換句話說，布勒克是在此行結束3年多後，為了在該學會年會發表論文，才著手撰稿，遺忘疏漏之處，在所難免。因此，行程、日期應以史氏的為準。據史蒂瑞記載，他們兩人是在邵族勇士的保護下，（於10月23日，筆者推估）赴埔社（又稱埔里社，今埔里盆地）的烏牛欄莊（今愛蘭），途中老布還扭傷腳踝。

## 埔里風情

布勒克稱埔社盆地長五哩、寬四哩，略呈橢圓形，東方即是高一萬至一萬二千英尺的中央山脈。住民有漢、原，後者又稱「熟番」，佔大多數，約2,000餘人，「就文明開化程度而言，熟番等同於低階層漢人，但較單純、不狡詐。他們主要依賴農耕為生，技術尚可，比不上漢人專精；惟熱愛狩獵，一有空即單獨或集體出獵，捕殺的動物有水鹿、梅花鹿、羌仔、野豬、松鼠、猴子、雉雞、飛鼠，偶而還有雲豹與山貓」，熱愛打獵的老布扭傷腳部，不知可有抱「病」參加，還是僅動筆過乾癮？神槍手史蒂瑞倒是應邀參加了幾次圍獵。

山羌(Proc. Zool. Soc. 1875)

▲ 山羌

▲ 水鹿

▲ 山羊（陳政三攝）

▲ 梅花鹿（陳政三攝）

早期埔里的平埔族包括巴宰、洪雅、巴布薩、拍瀑拉、道卡斯等族群，兩人在該地主要接觸的對象為篤信基督教的巴宰族。1871年基督教正式傳入埔里巴宰族地區，隔年自建烏牛欄、牛眠（睏）山、大湳三處教堂。至1873年底，布勒克稱該地已有60位受洗教徒，約400名常上教堂的聽道者。

「他們不抽鴉片，但喜愛喝酒，這兩點是島嶼所有原住民的共同特性。」布氏稱原住民都不喜抽鴉片，這一點倒很少有人指出，不知是否牽涉到經濟負擔因素，或另有它因，他未深入說明。至於巴宰人釀造的米酒，他品評為「酒精濃度太低，所以很少有人變成燒酒仙」。

布勒克認為巴宰人的外貌，與他曾見過的其他原住民族群差異甚大，「他們身材高挑，長得好看，有雙黑色大眼睛，闊嘴暴牙。」布氏未說明巴宰與其他族群外表相差甚大之因，史蒂瑞觀察到「有些長得像白人」的現象，或許是原因之一。但有白人或其他外國種族血統的原住民並不限巴宰族，南部的西拉雅族與荷蘭人混血情形更普遍。19世紀60年代的冒險家必麒麟（William Pickering）在《探險老台灣》（*Pioneering in Formosa*）稱，「阿美族傳說其祖先是船難白人水手與當地土著通婚的後裔…而北方（按應係指恆春半島東岸以北）其他族可能是日本或琉球人的後代」；1880年代的鵝鑾鼻燈塔守護員泰勒（George Taylor）在一系列有關卑南、阿美、排灣等族的文章中指出，「阿美族口傳，他們是一艘觸礁大船船員與土著通婚的後裔…據我判斷，可能來自宮古群島；（卑南）知本社人（the Tipuns）從社名意味著可能來自日本，不論如何，是來自北方島嶼」。

卜居北台至少25年的茶王德約翰（John Dodd）下結論，「經常有船隻定期遭風難，大難不死的漂民與東岸、中部高山部落土著結婚，彼此的血統就混合了。」即便在荷蘭人勢力較鞭長莫及的宜蘭地區，1866年的柯靈烏（Cuthbert Collingwood）、1895年的達飛聲（James Davidson），都曾在蘇澳附近見過姿容像白種人的原住民女子。

至於巴宰族男子的身高，依據金關丈夫前述研究，烏牛欄社平均164.8公分，大社（台中神岡）165.1公分，在原住民族群中，僅略低於阿美族的165公分，排行第二；介於福佬的166.7，客家的163.2公分之間。內社巴宰後裔潘大和

《平埔巴宰族滄桑史》書中稱，其先父曾於第二次世界大戰時，陪同日本政府派來台灣的考古人類學者，測量族人的身高體重，計得男性平均176公分，女性165公分，比所有台灣其他族群高大。很有意思的說法，可惜的是未提出該學者姓名及他的研究報告。而如確有其事，實在值得從日本找出這份調查報告。那位學者該不會就是金關丈夫吧？而潘大和根據印象也有可能記錯，否則真是大發現。另外，神岡巴宰後裔潘正治告訴筆者，他以前從事捕魚，去過廣東榮陽（或連陽？），曾遇到當地同操巴宰語的人（如是，似為壯族或瑤族），因此他認為巴宰可能來自該地。很有趣的說法，筆者徵諸其他巴宰人，如內社長老潘大州，並不同意此說法，不過似乎值得該族或研究者赴當地一探究竟。

埔里盆地東方一天的步行距離，即是中央山脈，住著「霧番」（Boo-hwan）社群，清末稱為致霧社，屬於賽德克族霧社群（今仁愛鄉大同村、南豐村）。他們與平埔族的關係時好時壞，「當霧番未砍掉埔社人的頭、彼此和平相處時，會有小額的以物易物存在。幾位會講霧番語言、與其熟悉的熟番番割（traders）帶貨進山交易；同樣的，也有幾位霧番下到山麓小村做買賣，通常以獸皮、鹿茸、麻布、刺繡山布等山產，換取火藥、鹽巴、紅印花布與鐵製品。」

## 探訪獵頭族

甘為霖、布勒克、史蒂瑞3人，（大概）於11月6日赴霧社群部落探險，當時平埔與高山的土著，因交易欺騙及偷牛事件而關係緊張，隨時有火拼的可能。因此無人願意當嚮導，最後終於說服鴉片鬼阿敦（Atun）帶路。阿敦是平埔番割，曾於同年5月，帶甘牧師訪問盆

▲ 圖10-8　鴉片鬼（《台灣史料集成》）

地北方的眉原社群（仁愛鄉新生村），該社群屬泰雅族澤敖利系統，有13個部落，甘牧師還醫治好總頭目阿銳克（A-rek）的熱病。

不過，他們這次要訪問的，可不是阿銳克的勢力範圍，因此危險倍增。「我們一行有3位白人、1位嚮導、2名平埔挑夫、牧師隨僕，以及1位嫁平埔的霧番女子」，布氏並未說明這女子與阿敦的關係，據史蒂瑞稱，她是阿敦的老婆。

「我們朝正東方前進，順著（眉溪）溪谷攀登，兩岸儘是陡峭的高山。溪南山丘森林茂密，多刺的爬藤類掛滿其間，幾乎無法穿越；溪北坡地則長滿長草，一些松樹、橡樹點綴其間。」下午來到溪畔小散村，只有幾間破茅廬、幾塊開墾過的地。「土著不願意帶我們進入深山內的部落，但可收容我們住一宿。由於天色已晚，遂留宿此地」，布氏未說明為何同屬霧社群的土著，不願意帶隊入山？據史蒂瑞的資料顯示，內山土著捉到一個漢人，正飲酒慶功，隨時會砍掉那漢子的頭，而嚮導阿敦得知此事，也不願繼續前進。

主人為他們準備晚餐，有趣的是同席吃飯，老布吃到「幾塊甘藷、芋頭，搗碎的米粟雜糧粥」；老史「較委屈」，只吃到雜糧稀飯。可惜，甘為霖未留下民生大事的記載，否則真不知又會「變出」什麼菜色。供他們住的茅舍太小，容納不下一行8人，而且又髒、又有跳蚤，3名老外遂把住處讓給雇僕，搬到不遠坡地處，架高離地3英尺的穀倉底下睡覺。

第二（7）日早上，那位陪行的婦女用過早餐後，即先返埔里社，其他7人繼續東行。溪谷越來越窄，山勢越來越險峻，不多久，進入一道又窄又深的峽谷（眉溪東北向的支流南山溪），幾乎沒半條像樣的小徑，眾人或攀附溪旁岩壁，或跳入溪中涉水前進。「午後，用過簡單的飯糰，離開溪谷，攀登右岸陡峭的一座高山，不時停步，好讓苦力喘口氣。近山頂一處高原上，我們經過幾塊零散的小米田、苧麻（China grass）地；放眼眺望溪谷對面山上，也有幾處開墾過的土地點綴其間。最後，終於爬到海拔5,000英尺的山頂、置身於中央山脈群山巔峰的部落。」布勒克未指出這部落就是南山溪右岸山上的眉溪社，又名東眼社，位於今仁愛鄉南豐村。

他發現土著的接待，雖談不上熱誠，但還算友善，直到他們發現上擺近25

顆人頭的頭骨架，「有些尚未泛白，有的顯然年代已久。我們注視良久，同伴某人（按史蒂瑞）坐下來素描，他這個動作，加上我們一直在瞪視，激怒了土著，也開始懷疑我們到此的動機。嚮導大驚，堅持要我們靜靜的坐好，不得隨意亂晃。僕人（可能叫Peng Ong, 平旺）不知是被嚮導的話、還是被土著兇惡的表情給嚇壞了，停留期間，一直縮在屋子角落，變得毫無作用。」

為了改善氣氛，他們拿出幾包針，送給婦女當禮物。有些受傷的男人向他們求診，「用隨身攜帶的碘酒塗抹傷部，傷患極為滿意…其他受傷的男人聞訊，趕來求醫，身體某處擦傷似乎是村落男子普遍的情形。來求診者，除了塗上碘酒，只要他們樂意接受，另免費奉送試聞阿摩尼亞一次。嗆鼻的味道會使聞者大吃一驚、表情十足，而讓看熱鬧的觀眾因此大樂。於是氣氛變好了，大家似乎恢復先前的幽默感。」不過據甘為霖、史蒂瑞的資料，該部落的男人都外出參加總部落的戰爭會議，只剩婦孺，還有3、4位受傷的男子留守而已。老布或許記憶有誤，但治療情形也見諸史氏的記載，病患當是包括婦孺在內。

好景不常，好動史蒂瑞又闖禍，為了獵獲躲在竹叢的小鳥，誤入墳區禁地。「某同伴誤入附近竹叢內的墳地，村民發現，立刻驚聲尖叫，他返村時，頭上被灑了些泥土，以洗滌惡魂付身」，老布輕描淡寫；但史大個的記憶與他不同，「村民看我走近，不是連忙跑開，就是揮手要我離她們遠一點，簡直無法靠近任何人。阿敦用葫蘆瓢裝水，噴灑我的臉、手、胸部，據說這才洗掉黏附在我身體上的惡魔。同伴齊聲訓了我一頓，認為我不應激怒土人，而陷大伙於不利。」

「當晚住在一間土著特別讓出的屋子，飯後有很多不分性別、年齡的訪客，還有更多男子前來求診」，這是布勒克的說法。老史則云住在一間伸手不見五指的空屋，還嫌床舖太小，無訪客。甘牧師獨排眾論，「此地流傳我們是來替埔里社平埔族報仇的謠言，土著拒絕與我們接觸，於是我們決定離去，到偏僻無人之地，露宿野外…選擇一處野草叢生的土墩…布、史2人躺臥草坡上，已上膛的槍就擺在伸手可及處，我悄悄地爬臥進他們兩者間的空隙。我們全身被露水浸濕，破曉時咀嚼幾塊餅乾，然後再度出發，盼望日落前能抵達埔里社。」3人說法完全不同，不過說「住在屋內」的有2人，可能性較大。

甘為霖的《台灣隨筆》（*Sketches From Formosa*）出版於1915年，除非他每天寫日記，或訪問後不久即撰文，否則事隔40餘年，難免有誤。譬如，他在該篇文章的開頭就說，「英國駐打狗領事（按應為領事館翻譯官）布勒克與一位來自美國的博物學者（史蒂瑞）最近陪我赴埔里地區訪問3個月」。「最近」兩字，似乎表示未隔很久即撰稿；但他待在埔里附近前後才3週餘（10月18日至11月11日）；即便從他們自府城出發（10月14日），到在苗栗內社（三義鄉鯉魚潭村）與史蒂瑞分手（11月18日），前後也不到一個半月。

第三天早上，他們送禮答謝社民的款待，然後踏上歸途。只花不到上山的四分之一時間，就下到溪谷地，順?南山溪往西南方向，接眉溪再西行下山。在眉溪一渡河處，狀況開始出現，「碰到一小隊坐於路旁的武裝土著，等我們通過，他們就起身尾隨，然後有幾人超過我們，把我們夾在中間。不久，幾名土著從左邊山上下來；隔不久，又有人從右側下上；再隔不久，又碰到一群人數較多、體格較壯的土著。最後，前後共有近40名穿著打仗服飾，配備長矛、鐵刀的戰士伴隨我們前進。他們似乎來者不善，事態相當棘手，真不知下一分鐘會發生什麼狀況。我們故意放慢腳步，試圖讓他們超前，但他們也立即慢下來，攪得我們無計可施，只得像過河卒子，繼續穩步向前。嚮導一言不發，快步地走在隊伍的最前面，終於通過土著清理出的最後一塊空地，雖然離他們自訂的領土邊境尚有幾哩遠，但已有土著開始脫隊，過不久，整隊戰士停下腳步，不再尾隨，我們頭也不回繼續趕路。經過近9個小時的艱苦跋涉，傍晚安抵埔社。」

布勒克漏掉描述史蒂瑞的槍法，現在就讓神槍手自己發言，「我們繼續快速、沉默的疾行，老布與我的槍都已上膛、食指輕摳扳機，恰有隻烏鴉從頭頂上方飛過，我舉槍射擊，它就掉下，落在我們前頭。土著發出一陣驚叫聲，有人跑向前撿拾，拿回給同伴看。而我們則繼續前進。」應該就是老史的這一招，嚇退出草的土著，否則他們不可能讓即將到手的馘首「戰功」飛掉。老布竟然未提這件轟動霧社群的「射鳥事件」；不過神槍手也忘了再提另件豐功偉業，就讓牧師補充，「約下午2時許，武裝戰士增加至5、60人…以半圓形圍堵我們，史蒂瑞在巴西、太平洋小島有豐富經驗，知道如何應付土著，他高瘦、骨架大，只穿襪子就有6呎4吋高（193公分）。不久前他才露了一手射鳥功夫，現在他又撿起一些樹葉，固定於12碼外的樹幹上，回到原位，舉起6發左輪手槍，快速連射，子彈全數貫穿樹葉，霧番戰士像觸了雷電似的嚇一大跳，我們命令他們走在前頭，之後便一個個悄然消失，我們得以平安的走回埔里」。有趣的一場百多年前「槍擊事件」羅生門，不知到底是誰搞錯了？

## 素描霧社群

文末，布勒克對霧社群的身材、外觀、衣著、紋面、出草行為略作描述：「霧番土著身材矮小，胸、肩部比例均勻，但除了腿部肌肉外，其他部位發育不良。臉孔討人喜歡，但不算非常漂亮，看起來溫和而非兇狠，一幅聰明樣。我在南台灣見過的生番部落土著，膚色暗紅，外表粗糙而不討人喜歡。」據金關丈夫前述研究，霧社群男子平均身高為158.7公分，在所有族群排行中間稍前。

「天氣炎熱時，他們完全不穿衣物；不過有些人用條小圍布（按丁字帶）環住腰際，然後打上鬆結，垂吊在前面。女子以苧麻織出質料堅固耐用的麻布，另以麻布為底布，從印花布解下藍、紅色棉線，兩者混織成高雅的山地布。」

「女子下臉部從耳朵到鼻下、下巴處有幾道較粗的刺青組成的網狀紋面，是結婚時刺上的（按頰紋是成年的標誌，不限結婚時）。幼童須刻幾條細紋在前額。成年男子的額頭，有道一吋寬的刺青，下巴有頤紋（按須有馘首經驗者才可刺頤紋）。」布氏對賽德克族的紋面只簡單介紹，且不夠正確；史蒂瑞寫的較詳細，可參考他的〈眉溪歷險行〉。

「房屋（地基）覆以平板石，不抹灰泥。進入小門，步下挖深2、3呎的地面，內為不隔間的大通舖，沒有窗戶，即使白天屋內仍然非常昏暗。」

布勒克敘述不限於賽德克族的原住民出草行為，「他們殺人的習俗，似乎僅是出於殘暴及為了獲取人頭而已，除了亟欲維持友好關係的部落之人不殺外，不論漢人或原住民，都是獵殺的對象。出草的隊伍通常由10到20名攜帶長矛、鐵刀、熟食的人組成，不帶火槍。有時遠至2、3天行程外常去的邊界，潛伏於密林中，伺機砍下落單農夫的頭顱，如果戰力足以吃掉對方，也會攻擊成群的過路旅客。但除非遠比對方強大，否則絕不從埋伏的密林現身攻擊。當食物吃完，或已獵取到人頭，即是返回部落的時機。如是後者，則舉行慶功宴，把獵得的頭顱略事清理，倒入酒，供出草的隊員傳喝。」

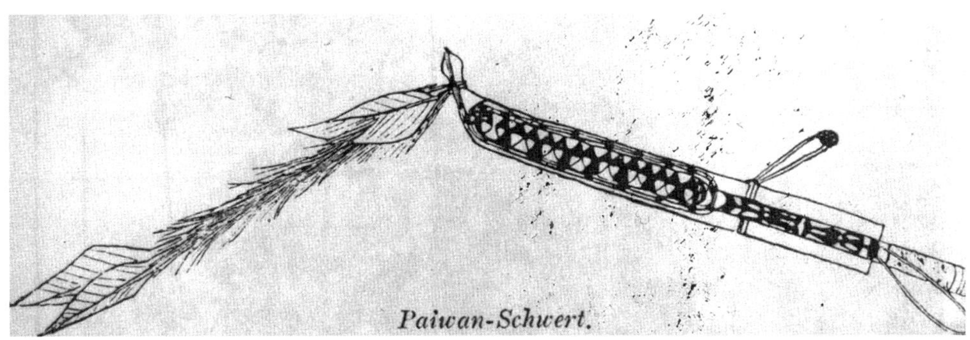


▲ 大鐵刀（A. Fischer）

布勒克在文章的最後云，他們安返埔里的2天後，離開埔里朝西邊平原出發，開始返家的行程。如他的說法正確，那麼他們3人可能是在11月11日離開埔里。另據史蒂瑞的記載，他們走了2天多的山路，（可能於）13日上午抵台中神岡區鄉大社，老布在大社停留2天左右，即獨自先回南部，史氏與甘牧師另到台中市新社區大南村、苗栗內社走訪。

# 台灣早期歷史權威甘為霖

▲ 甘為霖牧師

甘為霖牧師（Rev. William Campbell, 1841-1921），蘇格蘭人，1871年12月10日抵打狗（高雄），是繼李庥牧師之後，第二位英國基督長老教會牧師，服務至1917年2月，畢生精華奉獻給「第二故鄉」台灣。1880年與夫人結婚，育有一子兩女。

他致力南部、中部教區的開拓，早期以平埔族為主，後期慢慢推廣至漢裔台灣人。他勤跑基層，足跡遍及南、中、北各地。1873年5月中旬，成為首位訪問日月潭的白人，為紀念荷蘭第一位來台的牧師干治士（G. Candidius），遂命名為干治士湖（Lake Candidius）。他也是第一位造訪中部泰雅族及賽德克族的外國人，有數次幾乎喪命，卻保留已經消失的某些部落口傳歷史的第一手記載。

1875年初在白水溪（白河鎮仙草里），與店仔口（白河鎮）篤信佛教的土豪吳志高對抗，是基督徒的悲慘記憶，他也幾乎喪命，過程高潮迭起，不輸好萊塢電影情節；甘氏對曾投靠「戴潮春事件」民軍、後改效命官軍，獲賞「斗六都司」虛銜的「鄉賢兼角頭」吳氏有深入的描寫。

1878年3月，美船「森林美人號」（*Forest Belle*）為詐領保險金及清國官方巨額賠款，在恆春南灣自沉，宣稱貨物遭排灣人劫掠，向官府施壓；無巧不成書，甘牧師當時恰巧路過失事現場，遂挺身作證，不但解決了「詐騙案」，且將鋌而走險的美國船長送入監牢。

▲ 甘牧師娘的週日小學校（W. Campbell, Sketches from Formosa）

他深憐視障者，特在倫敦、愛丁堡、台灣府印製多本「布雷爾點字」（Braille dot-system）書籍供盲胞閱讀。1891年10月，在台南洪公祠創辦「訓瞽堂」盲校，直到1897年春說服總督府接手續辦；他曾幫助幾位優秀的盲生進入公立東京盲人學校就讀，行前舉辦一場慈善音樂會，為即將出國的盲生籌措4、5年費用。

他在南部與北部的馬偕齊名，深受信徒喜愛，除了福音傳布成就非凡，對教會文史的研究更是蜚聲國際；他廣泛研究台灣早期歷史，尤其開拓荷治時期台灣史研究領域，迄目前仍是這方面權威者之一。他著作頗豐，撇開傳教事業，單就創作而言，說是「專業台灣文史研究者」也不為過，讓筆者時覺汗顏。較為人知的有：

(1) *An Account of Mission Success in Formosa*（《台灣佈教之成功》，1889）；

(2) *Formosa under the Dutch*（《荷治時期的福爾摩沙》，1903）；

(3) *A Dictionary of the Amoy Vernacular*（《廈門音新字典》，1913）；

(4) *Sketches from Formosa*（《台灣隨筆》，1915）。

其他尚有：

(1) *The Gospel of St. Matthew in Sinkang-Formosan, Dutch and English*（《新港腔馬太福音傳》，1888）；

(2) *A Reading-book in Roman letters for the Blind in Formosa*（《台灣視障者羅馬拼音讀物》，1889）；

(3) *St. Matthew in Roman letters for the Blind in Formosa*（《台灣視障者的羅馬拼音馬太福音》，1889）；

(4) *Conversations with a Temple-keeper in embossed Roman letters for Blind readers in Formosa*（《與廟祝的對話——台灣視障者浮雕羅馬字讀本》，1889）；

(5) *An Embossed Reading-book according to Braille dot-system for Blinder readers in Formosa*（《台灣視障者布雷爾點字浮雕讀本》，1889）；

(6) *An Embossed Reading-book in Braille for Blind readers of the Amoy-Chinese Vernacular*（《給說閩南語視障者閱讀的浮雕讀物》，1896）；

(7) *The Sacred Edict; translated and adapted for Blind readers in the Island of Formosa*（《聖約——改編譯給台灣視障者的讀本》，1896）

(8) *The Articles of Christian Instruction in Favorlang-Formosan, Dutch and English*（《華武壠語信仰個條書》，1896）；

(9) *The Blind in China*（《清國的盲人》，1897）；

(10) 《治理教會》，1905；

(11) *Memorandum on Printing Missionary Books in so-called South Formosa Dialect*（《印行南台腔福音書刊備忘錄》，1906）；

(12) 白話字《羅馬批》、《聖諭廣訓》，1908（當時的「白話字」係「羅馬字拼台音」書寫方式）；

(13) *Handbook of the English Presbyterian Mission in South Formosa*（《南台英國長老教會宣道會手冊——台南教士會議事錄》，1910）；

(14) 白話字《闢邪歸正》、《播道論》，1914。

此外，尚有多篇發表於雜誌的涉台文章。

1912年，甘牧師獲選為結合南、北長老教會的「台灣長老教會總會」首任主席（moderator）；1915年9月榮獲加拿大多倫多諾克斯神學院（Knox College）頒贈神學博士，表彰他在台灣歷史、廈門音字典編輯，以及傳播福音的重大成就。1917年初退休返英，結束在台近46年的傳奇生涯，眾人依依不捨，連第六任台灣總督安東貞美也特地南下送行。他的名字不只刻在每一本心血之作，不只刻在百多年後學者心中，也將永遠深深烙印在福爾摩沙土地上。

▲ 甘為霖與台灣傳道人（W. Campbell, Sketches from Formosa）

# 甘為霖二訪黥面族——眉原・眉溪社探險行

REV. W. CAMPBELL.

REV. T. BARCLAY, M. A.

▲甘為霖（左）、巴克禮（右）（J. Johnston, China & Formosa）

1873年3月下旬，南部長老教會甘為霖牧師（Rev. William Campbell）搭乘挪威籍三桅船達芬號（*Daphne*），繞過東岸訪問淡水，受到馬偕（Rev. George L. MacKay）純正的蘇格蘭高地式歡迎（a truly Highland welcome）。2人不但同是蘇格蘭佬，而且先後於1871年12月10日及29日抵打狗港（高雄），甘為霖只比馬偕「資深」19天而已。但2人初抵台時並未相遇，前者待在台灣府（台南），而後者在打狗向李庥牧師（Rev. Hugh Ritchie）學習閩南語；直到甘為霖於1872年10月21日首度訪問中部教會時，才相識於內社（Lai-sia, 苗栗縣三義鄉鯉魚潭村）。

## 蘇格蘭同鄉會

這次是第二度碰面，「人不親土親」，加上在台傳教士人單勢孤，所以甘牧師感慨地認為應把握難得的相聚機會。馬偕也在日記上寫道，「甘牧師從台南來…是第一個來訪問我的宣教師。」甘為霖在淡水附近盤旋8天（3月24～31日），到過五股坑（五股）、洲裡（蘆洲）、艋舺（萬華）。根據甘氏《台灣隨筆》（*Sketches From Formosa*）記載，4月1日他與馬偕連袂南下，4月4日在新港社（Sin-kang, 苗栗縣後龍鎮新港）揮別馬偕，當晚夜宿內社。但已刊行的《馬偕博士日記》，在橫跨3月中下旬到4月初的「3月18日日記」卻記為陪甘牧師到內社才分手。不知何人記憶錯誤？甘為霖於中旬訪問大社（Toa-sia, 台中市神岡區）；4月23日抵達埔里社（Po-li-sia），迄5月16日離開。這是他繼上年10月底、11月初訪問上述地區之後，第二度走訪。

甘牧師在埔里牛睏山（Gu-khun-soa，今牛眠里）教堂主持聖餐禮時，有幾位從山區下山做交易的泰雅族戰士居然也來「看熱鬧」。甘牧師一直想造訪山區凶悍的泰雅族，但苦無機會，沒想到因為大頭目阿銳克（A-rek）染病，使他得能一償宿願。

▲ 台南府神學院（J. Johnston, China & Formosa）

某晚，與泰雅族做生意的「番割」阿敦（A-tun）引見6位泰雅人，精通泛泰雅語的「熟番」阿敦稱，「這些人屬於霧番族（Bu-hwan tribe），帶來大頭目阿銳克的口信。」透過阿敦的居間翻譯，甘牧師總算弄清楚，「大頭目生病了，他們認為我可以幫助他康復，希望我能前往位於埔里社東方遙遠山區的致霧番社（village of Tur-u -wan）一趟。」甘為霖聞言，喜出望外，迫不及待地點頭答應，雙方約好5月12日在牛睏山會合、出發。

甘牧師統稱埔里附近的泛泰雅族為「致霧番」或「霧番」，即是因為阿敦的翻譯誤導而來。事實上，阿銳克為眉原社（今仁愛鄉新生村）大頭目，屬於泰雅族澤敖列群美巴拉（眉加臘）系統（Mabaala），與霧社（仁愛鄉大同村）附近的賽德克族霧社（德奇塔雅）群不同，後者才是昔稱的「致霧番」或「霧番」。而且眉原社位於埔里北方北港溪畔，並非東方；東方的族群為眉溪流域的霧社群。

甘為霖描述這6名眉原社人，「膚色較埔里社人黝黑，不蓄鬍鬚，不留辮髮；前額、下巴處幾道紋面刺青；耳孔穿洞，插入半英吋蘆葦杆當裝飾，其中一位高個子載著一串人齒做成的項鍊；衣著極少，都沒穿褲子；攜帶著竹柄長矛，腰跨置於木鞘內、長而略彎的鐵刀。聽說他們帶著獸皮、鹿角等山產到此地與漢裔番割換取少量的火繩槍（flint-lock guns）。至今尚無任何歐洲人到過他們的部落，即使埔里社人如未獲該社有力人士的允許，也不敢貿然進入其領域。他們說的話極富音樂性，無疑地含有馬來族的腔調」。

## 醫療傳教眉原社

5月12日、星期一，甘為霖率領出身台南市拔馬（Poah-be, 左鎮區左鎮里）的漢僕平旺（Peng Ong），以及巴宰族翻譯阿敦，一大早從烏牛欄社（Aw-gu-lan, 今埔里愛蘭里）趕到牛睏山，平旺還帶著準備送給阿銳克的禮物。以大頭目的長子為首的眉原社人，早就在會合地點恭候。他們就在眉原戰士護衛下，先向東行一小時，越過蜈蚣崙、渡過眉溪，進入黑黝黝的森林地。為便於爬山、涉水，保持足部乾爽，甘為霖等3人都穿著草鞋。之後，甘為霖並未說明方向，應是轉向北行，攀爬海拔高度1,265公尺的西關刀山、順著1,924公尺的關刀山西緣北行，再經7個小時的艱苦跋涉，穿過原始不毛之地，才稍事休息、進食。用過食物，繼續行程，大約日落前一個小時，矗立於一座陡峭高山山腰的眉原社終於在望。渡過北港溪，朝山上的眉原社前進，此時已有社人下山迎接。甘牧師一行穿過圍觀的好奇土著，被導引到部落最大的屋舍，終於見到中部山區長久以來聲名顯赫、令人聞之喪膽的大頭目。

雄霸一方的阿銳克因染熱病、發高燒，此時蜷臥在床，不復平日英風。甘為霖給大頭目服下一劑奎寧，稍後再餵食Liebig牌的濃縮牛肉茶汁；每次餵食，牧師均須先試嚐，阿銳克才肯服下。稍後，大頭目即入睡，甘氏也順便醫治其他2、3位患同樣症狀的病人。當晚山區下起雨，濃霧密佈，甘為霖與30名左右的土著共處一室，後者先是害羞不語，直到牧師取出針、鈕扣、木柄梳子、燧石、半碼長紅絨布，以及掛著一串鑰匙的黃銅鑰匙圈等禮物，他們才恢復常態，願意與外人溝通。禮物中，以鑰匙圈最受年輕人歡迎，牧師認為並非它狀似黃金，因為他們並不知黃金的市場價值，而是可用來當作漂亮的裝飾品。

甘為霖透過翻譯阿敦，得悉土著的話題一直圍繞著他這位「外國番」。牧師認為，「土著的智力僅及普通孩童，他們仍用手指頭來計算。」譬如，出獵的人在分成兩隊時，伸出五根手指，表示「5天後會合」。與土著共進晚餐後，幾位少男少女拿出狀似猶太單簧口琴（Jew's-harp）的嘴琴樂器演奏，聲調雖尚不難聽，但略顯單調。牧師希望能聽他們的民謠，但土著卻羞於啟口。甘為霖當然不會放棄宣教、傳達福音的任務，但他自覺土著恐怕是「左耳進、右耳出」。

次（13）日清晨，甘為霖在村內蹓躂，赫然發現大頭目住處外側，有一排令人觸目驚心的人頭骨架，有些頭殼已經龜裂，有些尚是新取得的。其他屋舍外，也大都有類似的頭骨架擺設。牧師點算第一處有39個頭骨，第二處32具，第三處21具…等不一，這些都是部落間內戰，或下山出草的結果。「那些被文明腳步逼得走投無路、尚未降服的部落，用血淋淋的雙手抵抗任何外來入侵者。最光榮的事，莫過於獵得蓄留豬尾巴辮子之人的頭顱，無論受害者是漢人或已臣服於其統治的熟番，」甘為霖感嘆地寫道，「據埔里教會一位信徒告知，埔里社附近，每年約發生10到15起馘首得遂的案件，有時候甚至更多。獵取人頭似乎已成為部落抵抗漢人侵蝕的信念與傳統，也成為勇敢的標誌、慶典的貢品，以及暢飲小米酒的酒杯。」他認為泰雅族在某些方面是很好的族群，如此的真情、純潔、誠實，卻視敵人的生命為草芥，殊為可惜。

甘為霖另在屋內發現許多取自頭骨的人髮，吊在橫樑處晃來晃去，「我個人確信許多霧番部落是食人族。在某些情況下，土著會將腦漿熬煮成果凍狀，再製成小餅乾，他們相信吃了這些東西，不但圓滿地完成勝利的儀式，而且可激勵更多的流血出草。」甘為霖並未看到吃人腦的情形，為何他如此斷言呢？那是有次他在山區，很可能就在埔里附近，撿獲一個裝人頭的馘首袋，內有兩片長方形、人腦腦髓熬製成的小餅乾，好學不倦的他將之寄送「柏林皇家民族學博物館」（the Imperial Ethnographical Museum at Berlin）保存，以換取該館提供歐洲最新發行、涉及台灣的參考書、期刊。馬偕在*From Far Formosa*書中也表示，他曾親眼目睹大嵙崁（大溪）地區土著食用漢人腦膠、發洩仇恨的情形，他們甚至邀請馬偕一道品嚐這道珍味。

至於平埔人及漢人呢？甘為霖曾在埔里守城份（Chiu-sia-hun, 牛眠里東方）發現一群巴宰族兒童，手拿狀似帶骨牛排在大快朵頤，經過一番審問，牧師衝進附近民屋，發現某婦女正烹煮兩具殘缺不全的「生番」屍體，其餘屍肉已被村民分而食之。牧師表達他對此的深惡痛絕，那巴宰女也生氣地反唇道：「為什麼不能吃？他們砍了我丈夫的頭，砍了我姪兒的頭，這樣對待他們恰如其分！」馬偕則曾在宜蘭三結仔街（Sa-kiet-a-koe, 今五結鄉三興村、大吉村），目睹「生番」被官方斬首示眾後，圍觀民眾等著分取屍肉的場景，「生番肉、心臟往往被分而食之；骨頭則熬成膠狀，以利保存，用來作為治療瘧疾的特效藥」。顯然「吃人肉」不是山區原住民的專利。

甘為霖對婦女黥面的習慣深表不以為然，覺得老婦尤其顯得醜陋；他發現所有下田、織布，以及卑賤的家務苦工，都由任勞任怨的女性負擔。原住民女子刻苦耐勞，在其他西方探險家筆下也有刻畫，「台灣烏龍茶之父」德約翰（John Dodd）觀察道：「她們行為端莊、任勞任怨，是好妻子，但更像是奴隸，負擔家庭內外所有的勞動，因此10多歲貌美似花，不滿30即已滿臉縐紋，猶如老婦，不過依然親切、謙遜、善待陌生人。而且她們是最好的通行證，有其陪伴，探險山區才能確保我人頭還在。」顯見昔日「台灣牛，澎湖查某（女人）」之說，或也可寫為「台灣牛，澎湖及原住民查某」。

▲ 泛泰雅族黥面，女鳥嘴（左）、男頤紋（右）（Report on the Control of the Aborigines in Formosa, 1911）

繼第一晚不成功的傳教，甘牧師把握第二天的機會再度向土著宣達福音。他認為佈教最大的障礙來自鴉片鬼阿敦，後者已獲大頭目豐厚的賞賜，不再熱心翻譯，每當甘氏宣達一段，阿敦總是因煙癮上身，一邊流淚、一邊抽鴉片，胡亂應付幾句了事，這使得聆聽的土著更加迷惑。甘牧師情急之下，拿出紙、筆，在筆記本上書寫記號，想增進受教者的瞭解，「土著乍見，顯露驚嚇表情，認為這可能會傷害他們。我一再解釋，但他們似乎仍露駭意，只好把筆記本收起來」。這種懼怕靈魂「被紙、筆沒收」，也可見於1873年11月初美國博物學家史蒂瑞（Joseph B. Steere）與甘為霖訪問泰雅眉溪社（南投仁愛鄉南豐村），想畫下人頭骨架遭阻止情形一樣。

甘為霖此行，首次得悉泰雅族人死後埋於室內床下，使他頓覺幽暗的住屋彷彿一座座停屍間似的，「如有家人死亡，室內終年不熄的爐火立刻清除，（在死者斷氣的床下）挖一足於容納屍體呈坐姿的洞穴，將其生前習

▲ 南部長老教會，甘為霖夫婦（前中）、巴克禮（前右）

用的煙斗、煙草等物附葬，簡單的追悼儀式後，幾位近親將墓穴（蓋上石板、）覆上泥土。之後，所有事務又照常進行。」當然，喪家仍有守喪一段時間的習俗，如不外出、不梳頭、不著華服、不洗濯、不飲酒、不歌舞、不舉炊，飲食由近親鄰居供應…等，各社群略有差異。上述是所謂有親屬陪在身旁的「善終」。假如是自殺、難產、被害、戰死、在野外死亡等，則屬「惡死」，通常在發現死亡之處就地埋葬；有惡死於室內者，則全家棄屋，另建新居。

依據甘為霖的描述，眉原社的住屋為半豎穴式石牆、石板頂建築，「土著先在地面挖一個四呎深的四方形大凹洞，將洞內鬆土打牢、剷平成堅固的地板，四面圍以高出地面3呎的石牆，上覆竹架、再蓋上薄石板成屋頂，兩邊屋簷各約2呎寬。」這種半豎穴式屋通常建於深山山腹小台地上，有的屋頂用樹皮或茅草蓋頂，端視當地現成的材料而定；均須在屋內架樑、立柱，以支撐屋頂；牆壁通常先在內外兩列木柱所夾成的空間內堆置橫木，再於空隙處填塞土石而成。住於淺山地區的泰雅人，其住屋的牆壁、屋頂則以竹子為主要材料。

第二天上午，大頭目等人的發燒已退，原本病厭厭的身體恢復了活力，也顯得有精神，因此對甘牧師更為友善、殷勤，提議讓牧師瞧瞧不出示外人的水井。據阿通說，這表示他們已將甘氏當成朋友看待。土著宣稱其中一口水井已遭惡魔盤據，很多社人喝了那口井水後相繼死亡，因此他們常在晚上朝井內開槍，試圖驅逐魔靈。那是一口不斷冒出活泉水的井，甘為霖當著所有人的面前試嚐，發現是他生平喝過最清涼可口的泉水，於是告訴土著不用害怕，可再飲用這口井水。

「年輕時的阿銳克曾是方圓數哩地的霸主，他的話代表法律；雖然目前勢力大不如前，但仍下轄十三社，」甘為霖走訪了其中七社，以奎寧醫治染患熱病者；對於刀、矛傷患，因未攜帶瘡傷藥，只有施以熱水消毒，再塗抹花生油。他還碰到位於眉原社東南方（原文寫為「南方」）5英里地的致霧社大頭目阿畏亞丹（A-ui-a-tan），後者是新崛起的領袖，下轄賽德克族霧社群三十社，「我送他一些英國製的針，他顯得好高興，因為之前他只從漢人番割處得過蹩腳的金屬針。」這是甘為霖唯一一次與阿畏亞丹碰面，同年11月第二次訪問該族，還被阿畏亞丹轄下的眉溪社人一路追殺，差點喪命。

第三天，5月14日一早，甘為霖離開眉原社，許多附近部落的土著前來送行，阿銳克硬塞一塊太太織的山地布給牧師。甘氏揮別眾人，冒著雷電交加、傾盆大雨趕路，直到深夜才返抵牛睏山，結束了這趟首次之旅。

▲ 甘為霖將日月潭取名為Lake Candidius（Imbault-Huart）

5月16日，甘為霖告別依依不捨的埔里社平埔族，當晚夜宿邵族水社（Tsui-sia），停留一週，他宣稱自己是第一位到訪此地的歐洲人，把當時的水社湖、現在的日月潭命名為「干治士湖」（Lake Candidius），以紀念荷治時代首位駐台牧師干治士（Georgeius Candidius）。

## 眉溪歷險行

同年10月14日，甘為霖再度從台灣府出發，走訪中部各教會，這次同行的有美國密西根大學博物館研究員史蒂瑞、英國駐打狗領事館翻譯官布勒克（Thomas L. Bullock），尚有兩名僕人-甘牧師的僕人平旺，史蒂瑞僱的王嘉（Onga）、4位挑行李的苦力、3位抬著一座轎椅的轎夫、一個苦力專門負責保管2甕史蒂瑞準備用來裝標本的酒罈，一行共13人浩浩蕩蕩的由府城東門出發，順著火燒店（台南市柳營區人和里）、嘉義城北行，再轉東北林圯埔（竹山）、集集前進，於18日下午抵達水社。甘為霖於當天即趕往埔里社，史蒂瑞、布勒克留在日月潭畔，至23日才赴埔里烏牛欄社與牧師會合。

他們3人原打算作一趟橫貫中央山脈、直達東方太平洋海岸的創舉，但事與願違，附近的平埔、賽德克兩族恰好發生火拼，阻斷了通往東岸的道路，也粉碎他們創造白人橫斷東西山脈紀錄的美夢。不過，仍作了一趟埔里東邊霧社群眉溪部落「三天兩夜」之旅。甘為霖在《台灣素描》第十二章〈與霧番獵頭族共舞〉（With the Bu-hwan Head-hunters）乙文的寫法，由於未註明日期，也漏掉第一天的記載，看起來好像只是2天來回的行程；但如根據史蒂瑞與布勒克留下的記載加以推敲，他們可能是在11月6日～8日間，作了這趟「眉溪歷險行」。

這趟探險，仍請阿敦當嚮導。11月6日一行8人，包括3位白人、甘牧師的忠僕平旺、阿敦與臉頰刺青的老婆（布勒克記為是另一巴宰人的配偶）、2位揹行李的平埔青年，從烏牛欄社出發，順著眉溪溪谷東行，當晚夜宿溪畔賽德克族小散村。他們徵求當地土著帶路進山，但由於內山土著捉到一個漢人，正飲酒慶功，隨時會砍掉那漢子的頭，因此無人肯點頭同意，連嚮導阿敦得知此事，也一度不願繼續前進。

第二天，隨行的土著婦女用過早餐後，即先返埔里社，其他7人繼續東行。仍溯眉溪而上，不多久，轉入眉溪東北向的支流南山溪，也就是漢人俗稱的

「嘸回頭溪」，山勢越來越險峻，人煙、農地越來越少，森林、茅草、溪谷，以及潺潺的流水就是一切。午後，離開溪谷，攀登右岸種滿甘藷的高山，不時停步休息，好讓苦力喘口氣，經過幾塊零散的小米田、苧麻地，終於來到海拔5,000英尺近山頂處的眉溪社。眉溪社又叫東眼社（Tungan），位於今仁愛鄉南豐村，南東眼山南方山麓，眉溪與支流南山溪交會處的右邊河階上方，現地名就叫南山溪，「東眼」意指山凹處或產燧石之地。日治時代稱為土岡社，即是東眼社的發音轉來。

當時全村男人皆外出，只留下幾位受傷、生病及年老的男性，婦孺乍見外人，嚇得扶老攜幼逃入林中，經阿敦一再保證，她們才敢返回村社。「經過一天又長又累的跋涉，終於抵達致霧番社（Tur-u-wan, 按眉溪社），這才知道埔里的熟番在以貨易貨交易過程，欺騙了這裡的土著，因此所有的男人都去參加部落的戰爭會議，」甘為霖發現婦女、留村的男性態度不友善，「此地流傳我們是來替埔里社平埔族報仇的謠言，土著拒絕與我們接觸，於是我們決定沿著稍北的山徑離去，次日上午出發返埔里社。天色已晚，我們必須露宿偏僻的野外，於是選擇一處野草叢生的土墩，以便監視來時路徑及右側峽谷的動態。布勒克、史蒂瑞2人躺臥草坡上，已上膛的槍就擺在伸手可及處，我則悄悄地爬臥進他們兩者間的空隙。我們全身被露水浸濕，破曉時咀嚼幾塊餅乾，然後再度出發，盼望日落前能抵達埔里社。」

這是甘為霖對第二天的描述，但看起來卻像是第一天就從埔里抵達眉溪社。如據史蒂瑞、布勒克二人的記載，第二晚住在該社一間空屋，而且用碘酒、阿摩尼亞治療受傷土著，另外還發現人頭骨架，記錄土著語言，送針、珠子給婦女，聆聽少女用嘴琴合奏的音樂，購買了幾把樂器。史蒂瑞闖了大禍，誤入墳區，觸犯禁忌，被潑水以洗滌附身之惡魔。

《台灣素描》出版於1915年，除非甘氏每天寫日記，或訪問後不久即撰文，否則事隔40餘年，難免有誤。譬如，他在該篇文章全未註明年、月、日；漏了第一天的記載；一開頭就說，「英國駐打狗領事（按應為領事館翻譯官）布勒克與一位來自美國的博物學者（史蒂瑞）最近陪我赴埔里地區訪問3個月」。「最近」兩字，似乎表示未隔很久即撰稿；但他待在埔里附近前後才3個多星期（10月18日至11月11日）；即便他們從府城出發（10月14日），到甘牧師在苗栗內社（三義鄉鯉魚潭村）與史蒂瑞分手（11月18日），前後也不到一個半月。因此，顯然牧師在這段眉溪社的記載有誤。

## 神槍退敵

第三天一早，離開眉溪社踏上歸途，沿路險象環生，「蜿蜒小徑兩旁儘是高大、多刺的茅草，只能單列縱對前進，前幾哩路倒是相安無事。稍後，路旁突然傳來聲響，轉頭一看，茅草叢冒出12名左右的武裝土著，尾隨在後。又過了幾哩路，另有約20名土著加入。因此，我們停下腳步，試圖表達善意，但他們表情陰鬱、沉默不語」。根據史蒂瑞的描述，「土著一度包圍我們，似乎有隨時可能發生攻擊的危險，我大聲問布勒克槍枝子彈是否已上膛，並要他見有危機立刻開槍。甘牧師聞言轉身，駭異的說：『殺害任何土著是件可怕的事，我寧可不抵抗，讓他們砍掉我們的頭』！」史、布二人都有槍枝在手，牧師唯一的武器是一根結實的胡桃木杖，史蒂瑞調侃道：「那是他維持牧師尊嚴僅容許的武器。」

無奈，只有繼續前行，幸虧史蒂瑞露了一手「射鳥」神槍法，暫時嚇阻土著的再次蠢動，「我們繼續快速、沉默地疾行，老布與我的槍都已上膛、食指輕摳扳機，恰有隻烏鴉從頭頂上方飛過，我舉槍射擊，它就掉下，落在我們前頭。土著發出一陣驚叫聲，有人跑向前撿拾，拿回給同伴看。而我們則繼續前進。」史蒂瑞輕描淡寫這幕戲劇化的場面，發生的時間在午前。

約下午2時許，尾隨他們的土著已增至50幾名。再走2、3哩，來到眉溪岸邊一處較寬的小空地，此時埔里社盆地已在望，甘氏等人坐在路邊岩石上吃午餐，土著戰士則以半圓形陣勢圍住他們。史蒂瑞寫道，「正進食時，有位身穿刺繡胴衣、頭戴白貝珠、耳垂白貝片，打扮奇特的陌生年輕戰士走到我們前面，他說三十個部落的總頭目阿畏亞丹（Awiatan）在不遠處，正帶領80名戰士趕過來，希望與我們會面。我們很禮貌的婉拒，表示很榮幸有機會與亞丹酋長見面，但今晚必須回到埔社朋友那裡。用過午餐，繼續前進，離開那群土著，從此再也沒見到他們。」

土著為何自動放棄，乖乖地離開？原來史蒂瑞又露了一手神槍絕技，他自己對此隻字未提，幸好甘為霖記下了這個曾轟動中部的「神槍穿葉事件」：「史蒂瑞在巴西、太平洋小島有豐富經驗，知道如何應付土著，他高瘦、骨架大，只穿襪子就有6呎4吋（193公分）高。不久前他才露了一手射鳥功夫，現在他又撿起一些樹葉，固定於12碼外的樹幹上，回到原位，舉起六發左輪手槍，快速連射，子彈全數貫穿樹葉，霧番戰士像觸了雷電似的嚇一大跳，我們遂命令他們走在前頭，之後便一個個悄然消失，大家才得以平安走回埔里。」為此，甘氏特別感謝神的眷顧，以及史蒂瑞的沉著、勇敢，使眾人脫險，而於當晚安返埔里烏牛欄社。

# 英國領事館員阿赫伯

阿赫伯（Herbert James Allen, ?-1911），威爾斯人，1873年至1875年底，任職於英國駐淡水領事館，他另曾用過「阿和珀」名字，不過最常使用「阿赫伯」；出生於印度，生年不詳，1861年來華先任英國公使館翻譯學生，後任翻譯，以及駐淡水（1873-75）館員、署副領事，蕪湖（1877-78）、鎮江（1878-79）、營口（1879-80 & 1881-88）等各館領事，1888年退休，卒於1911年。寫過許多關於中國的論文、專書，最著名的為《中國古代史——中國經籍是偽造的嗎？》（*Early Chinese History, Are the Chinese Classics Forged*）。

本篇〈從淡水到台灣府旅行記〉（Notes of a journey through Formosa from Tamsui to Taiwanfu）刊登於1877年《皇家地理學會期刊》（Proceedings of the Royal Geographical Society, Vol. 21），係他離任前，偕同李庥、馬偕兩位牧師，從北部南下中部，轉埔里，以迄台南的縱走旅行記，全文側重地質觀察描述，和史蒂瑞、柯樂的文章終點雖有別，但可互補、對照，增加後人對老台灣的了解。

# 英國外交官阿赫伯的畢業旅行

▲ 沈葆楨

1875年（光緒元年）陽曆11月，英國駐淡水領事館署副領事（Acting Vice-Consul）阿赫伯（Herbert J. Allen）接獲調職令，即將赴福州新任所；他應馬偕（George L. MacKay）、李庥（Hugh Ritchie）兩位牧師的邀請，加入他們南行的行列，做了一趟離任前的「畢業旅行」。

於此同時，台灣的行政區域有了極大的改變。這導因於前一年，發生日本出兵恆春半島，攻打南排灣族牡丹、高士佛等社，史稱的「牡丹社事件」。事件過後，欽差大臣沈葆楨於1875年初奏准設立恆春縣；另於同年7月奏請將噶瑪蘭廳改為宜蘭縣，淡水廳分為新竹縣、淡水縣，雞籠設基隆廳，另設卑南、埔里兩廳。隔年（1876）1月中旬所請奉旨照准，於是台灣由原來的「一府四縣三廳」，變成「二府八縣四廳」——府級有台灣府下轄的台灣、鳳山、恆春、嘉義、彰化五縣，澎湖、埔里、卑南三廳；台北府下轄的淡水、新竹、宜蘭三縣，暨基降廳。

除了行政區的調整，兼有自1874年下半年開始的北、中、南三路並進的所謂「開山撫番」政策。所以阿赫伯在〈從淡水到台灣府旅行記〉（Notes of a journey through Formosa from Tamsui to Taiwanfu）一開始，就介紹上述的情形。由於當時整個行政區調整尚未定案，故文中漏掉新竹縣，以及廳級單位的設立。他提到清國政府的地圖，完全未繪出東部的海岸線，中央山脈以東、以南的山區迄海岸，住著不同部落的原住民，「穿著、長相都與漢人迥異，後者稱其野蠻人（barbarians），也對待他們如野蠻人」。

至於官方的「開山撫番」，則用買通部落頭目的方式進行，以獲得原住民承認清國的統治權；移入山區的漢人，也須向頭目納貢取得墾荒權。但這種方式並不完全奏效，「山區土著對漢人的入墾，抱持不信任與反感的態度，只要

▲ 中壢女皇飯店（G. MacKay, From Far Formosa）

沒有大軍伴隨的入墾行為，必遭抗拒，於是小規模的戰爭不絕於耳」。

1875年11月10日，阿赫伯離開服務兩年餘的淡水紅毛城領事館；不過自同治六年（1867）起，即由英國以白銀10兩強租的紅毛城，仍須為大英帝國鞠躬盡瘁，要到1980年才由政府收回。他云馬偕、李庥已先從艋舺（Banka, 萬華）教會南下，在中壢等他會合，所以阿赫伯獨自揹起簡單行李，搭船橫渡淡水河口，到對岸的八里坌（八里），再沿著觀音山西麓、林口台地南下，傍晚在一個叫桃園（Doaheng）的小村用餐。趁著夜色連趕十哩路，抵達中壢（Tion-glek）一家旅館時，牧師都已就寢。

他未對這家客棧有任何描述，應該即是馬偕一住鍾情、讚不絕口的五星級「女皇飯店」（the Queen's Hotel）。在《遙遠的台灣—馬偕傳道六部曲》（*From Far Formosa*）書中，馬偕如此形容這家飯店，「大街旁的這家客棧，是座低矮磚造平房，也是我在台灣住旅館的初體驗。我們的小房間只擺得下三張床，連置物架、桌椅也沒有。幾扇架在磚頭上的木板，就是所謂的床，上無彈簧、被褥，只鋪一張苦力長年抽鴉片弄得髒兮兮的草蓆。屋內沒窗，也無其他空隙可通氣。土豆油碟點燃的燈蕊草，泛出微光，映照潮濕的黑泥地，以及發霉塗鴉的牆壁。三代同堂的小蟲到處亂爬，降低了粗俗的舒適感。屋內有令人昏眩的鴉片煙味，門口有豬在污泥翻滾，加上整個環境散出的惡臭，令我受不了。我確信我的同伴在對我『下猛藥』（a strong dose），給我這個菜鳥來個震撼教育。不過，沒多久我即瞭解，這家客棧竟然是島上的頭等飯店；而據往後旅行經驗，它在某些方面也當之無愧，因此我們稱它為女皇飯店」。

究竟小客棧有何魅力？馬偕列舉別處沒有的兩大特色，也不過是「院子裏有個泥竈供客人自炊；還有間共用食堂，內擺一張桌子、兩張椅子、一條長板凳，以便旅客用餐」，雖然雞鴨來來去去，豬群穿梭內外，但馬偕認為這是環島旅行中，所住過「最有家的味道」（the most homelike place）的旅館。

那次旅行是1872年3月9日，李庥牧師、德馬太醫生（Matthew Dickson）陪馬偕搭海龍號到淡水新教區後，馬偕陪著「下他猛藥」的李、德2人，於3月11日從淡水出發，沿中壢、竹塹（新竹）、白沙屯、大社、內社，到埔里社會晤各地的教徒，4月2日再到大社，3日分道揚鑣，馬偕北返，李、德2人南下，算是「菜鳥」馬偕的見習之旅。

此次旅行花的時間更長，據*From Far Formosa*載，「從離開到返抵淡水前後共70天」。換句話說，如依阿赫伯的文章，馬偕要到隔年的1月18日才回到淡水。但據《馬偕日記英文版》記載（pp. 182-187），李庥是於1875年10月28日到淡水，邀他南下台灣府（台南）參加12月下旬基督教長老會與官方的一個會議，並趁機會晤各地來的牧師與教友，沿途當然少不得要視察南北各地的教會；11月9日從滬尾出發到五股坑，次日南下夜宿中壢，同行的另有馬偕訓練出來的9位本土牧師與學生，另外還帶著愛犬王子（Prince）隨行；而於1876年1月5日回到淡水。阿赫伯並未提到上述事項。所以北部的大部分行程與3年前雷同，只除了苗栗新港社已在2年半前設立教會，因此順道訪問。

11月11日清晨即早出發，台地上的空氣清新可人，穿過幾座廣東省客家移民村，走約八哩路然後進早餐。沿途田地種植稻米、甘蔗，不時遇見由2頭黑牛（black cattle）拖拉的4輪牛車經過，「毫無疑問，是荷蘭人引進的，通常只用1頭水牛拉車」。阿赫伯提到的黑牛可能是較適合乾旱地區的赤（黃）牛，但也可能是類似琉球目前飼養的黑牛。4輪牛車應非由荷人引進，而且當時尚不多見，可能為增加載重量、並適應高原台地較陡地勢，而使用的較新的運輸方式。昔時牛車只有2個特大的輪子，由木板拼成實心輪，有的地方在木輪外環再包上一層鐵皮。至日治初期才普遍改成4輪牛車，前面2輪較小，後面2輪較大，輪與軸之間用粗木條支撐，這種形式在某些地方，一直沿用迄今。1931年左右，牛車輪有的改用橡皮輪胎。

「距離竹塹8哩路，來到桌山（Table Hill），就如當地人稱的『風山坡』（Windhill Slope），代表高原即將結束。由此遠眺，景色宜人，西邊即是大海，眼前一條美麗的河流（按鳳山溪）蜿蜒而過，城鎮隱藏在河對岸茂密的竹林裏，」阿赫伯提到的「風山坡」應是「鳳山坡」近音之訛。下到山腳河岸，搭乘平底渡船，船夫拉扯一條綁在河流兩岸木樁的藤繩，將他們擺渡過雨季湍急的鳳山溪。

竹塹當時仍是淡水廳的首府，也是淡水同知衙門所在，要到隔年初行政區調整後，才更名為新竹。但自道光初年（1821）左右開放、可正式對渡大陸的

▲ 早期農村水牛成群（J. Johnston, China & Formosa）

竹塹舊港小口已淤淺，早在50年代就被南邊的香山港、中港所取代，因此阿赫伯稱竹塹雖是廳治所在，「但就貿易而言，卻是名不符實」。他提到當時淡水同知（sub-prefect）正視察轄區範圍廣達1,250平方哩的其他地方，不在衙門，顯見他與陳星聚熟稔。河南籍的陳星聚於1871年任淡水同知，1878年升台北知府，最為人稱道的是任內推動台北築城，清法戰爭協守北台，1885年和議成旋卒。

當晚夜宿竹塹。隔（12）日，沿著西海岸南下，沙灘寬長，綿延至海，近海沙洲處處可見，除了中式的平底戎克帆船可安然通航外，對其他船舶都是極為危險的地帶，「事實上，最近有兩艘英國船在附近遇難，海邊四處散佈的船板殘骸可資證明」。這兩艘英船都在10月遭難，英格蘭號（*England*）三檣船在台中大安港遇難，亞歷山大號（*Alexandra*）二桅帆船在竹塹失事。「路邊小客棧牆上，張貼北台守軍某樂姓（Lo）副指揮官的佈告，警告鄉民不得擅取失事船舶的漂流物，以免洋人藉機要求賠償、製造事端，違者重懲」，阿赫伯對地方當局近期較以往積極，阻止民眾掠奪失事船舶的作法表示肯定；但對用犧牲英國的名譽來恐嚇民眾的方式，不表苟同。他指的樂姓軍官，應是1875年起，署台灣北路游擊的江西老表樂文祥。樂文祥曾於1877年年底至1878年秋，協助在苗栗公館鄉出磺坑村（今開礦村）鑽鑿油井的美國技師簡時（A. Port Karns）、絡克（Robert Locke），當時老樂可能已升為副將。

一行至少12人、一條叫王子（Prince）的狗，尚不包括阿赫伯僱的轎夫，行經當時貿易鼎盛的大鎮香山（Heongsan, 今新竹縣香山鄉）、中港（Tiongkong, 苗栗縣竹南鎮中港里），橫過可泊戎克船的中港溪口，再往南沿大鎮後壠（Ou-lan, 後龍）右緣左轉，當天共穿越20哩的沙地，終於來到目的地新港社（Sink-ang, 苗縣後龍鎮新民里，分東西社），也就是1697年，來台採硫磺的郁永河在「稗海紀遊」書中所稱的新港仔社。

新港社是馬偕北部教會最南端的一站，再往南就是南部教會最北方的內社（Laisia, 苗栗縣三義鄉鯉魚村）教堂。居民為道卡斯平埔族（Taokas），「他們苟延殘喘於漢人征服者與內山野蠻的原住民兄弟之間的小地方，雖然已經穿漢服、留辮髮，但長相很明顯的看得出具有原住民或馬來玻里尼西亞血統」。阿赫伯指出道卡斯族與賽夏族間有血緣關係；伊能嘉矩、粟野傳之丞也認為兩者原屬同一族群，伊能在《台灣踏查日記》更指出苗栗東北方的賽夏獅潭底社人，為新港社的分支，「其頭目釣公（Tjaokon）因不肯歸化，被驅逐到獅潭底，而於每年祭祖時來到新港社，唱出不服清國的歌。」新港社歌謠云，「鄭成功（按應是1682年鄭克塽派部將陳絳）曾攻打該族，死者不記其數。同族不肯歸順者逃入山中，今南庄地方靠近山區的番人為其後裔」。近代語言學者費羅禮（Raleigh Ferrell）、李壬癸咸認為賽夏語是平埔語的一支；土田滋、馬淵東一則認為道卡斯族與賽夏族可能係由台灣北部移入。

「新港社人單純而安靜，被漢人蔑視為『番』（huans），也就是野蠻人的意思。他們將土地租予漢人，卻往往收不到地租，告官的結果，常無疾而終；山區裡面有等著砍下他們人頭的野性土著，後者視馘首為勇氣的象徵，未取得一定數量人頭的年輕酋長，甚至無法討到老婆。平埔族（Pepohoans）又被稱作『熟番』（Sekhuan），意即文明的土著，與和狂野的土著『生番』（Chi-huan）有所區別。他們由通事（tongsu）或頭人（headmen）管理，聽說新港社的通事每年須賄賂官府三百銀元，以保住這個職位，部分給淡水同知，部分給頂頭上司鹿港理番同知」。阿赫伯云新港社屬於Balua族，不知有何根據？Balua

族是否指的是同屬後壠社群的「貓裡」社？待考。「道卡斯族」一詞，是伊能嘉矩按照語言相似度所做的族群分類，要到日治初期才出現。

新港教會成立於1873年4月16日，是馬偕的第三個教會，僅次於淡水、五股坑。相對於此行的熱烈接待，1872年10月10日社民是以石頭、謾罵對待「黑鬚番」（black-bearded barbarian）馬偕。即便蓋教堂時，也因地震使得建物傾斜，導致村民認為不祥，高呼，「大地反對他們，鬼神也都不贊成啊！」但馬偕冒著隨時有受傷及生命危險之虞，不屈不撓地完成茅草蓋頂的禮拜堂。

阿赫伯並未交代他們何時離開新港社到內社，《馬偕日記英文版》記載他們在新港社住一晚，第二天，13日繼續南下。一行順著種滿稻米、甘蔗的後龍溪谷地南行，穿過大鎮貓里（Bali, 苗栗），以及一連串的客家村，阿赫伯覺得村民生活挺富裕的，中午在銅鑼灣（Tanglowan, 苗縣銅鑼）打尖。用過午餐，橫過乾枯的石河床，沿火炎山、關刀山之間美麗的長峽谷南下，傍晚抵達巴宰族（Padjieh）居住的內社。

「這個巴宰平埔族村落人口200，全是基督徒，據稱20年前約30餘人由埔社（Posia, 埔里）移來。有兩個用竹林圍成的小村子，每村約100平方碼（按1碼＝3呎＝0.9144公尺，故每村才約83.6平方公尺），竹林外圍再插上幾吋的尖木樁，以防衛來自山區原住民（泰雅族）的攻擊」。這是阿赫伯對內社僅有的簡單介紹，但他們並非由埔社移居此地，而是最初由巴宰族岐仔社（原住台中市神岡區）、蔴薯社（后里區）於1845年移來；1871年部分大社人為逃避被徵調至大陸平亂，遂有66名壯士攜帶家眷避居內社，基督教因此傳入。當地人稱兩個小村為上城（Ta）、下城（Ba），兩字合音TaBa為「葫蘆的產地」之意，顯見當地盛產葫蘆；也有稱係當地「地形似葫蘆（瓢瓜）形狀」而得名，漢人則稱之為「番仔城」。內社的教堂似建於1871年底，信徒在下城面向鯉魚潭溪之社門內，興建一座房屋，內有3房間，除作聚會之所，另供來訪的宣教師使用。他們這次來訪應該就是住在這間教堂內，而王子當然就趴在馬偕的床下，忠心耿耿的守護主人。阿赫伯顯然不挺愛狗的，整篇遊記都未提到這隻台灣土狗，也未形容牠的長相。可以想見，沿途牠吐舌喘氣、緊傍著主人，偶而跑到隊伍前頭帶路，每隔一段距離就在路旁灑泡野尿，以便歸途認路；每經一座村莊，必然與捍衛家園的村犬隔空對罵，說不定與某處的母狗有段艷遇；然後，必然在沉悶的旅途中製造了不少笑果，一解眾人的疲勞。

第六天，11月15日，離開內社南下，渡過大安溪，來到2年前才建立的漢人小村新店（Sintiam, 后里鄉公館村），再往前沿山坡亂石地，渡過大甲溪，於午後不久抵達大社（Toasia, 神岡鄉岸裡村、大社村）。阿赫伯未對大社有任何著墨，事實上他較注重沿途的描述，對下榻村鎮常一筆帶過。因此，有關的補充係由筆者加油添醋所成。

大社是昔日岸裡大社的根據地及巴宰族的祖居地，1871年建立禮拜堂，並於同年9月由李庥牧師施洗九名信徒，從此基督教即在當地生根，社民大都是基督徒，傳道人為1873年1月～1879年1月服務於該地的王安崎。

11月16日，派遣一名信差帶信至台灣府（Taiwanfu），將他們的行程通知英國領事額勒格里（William Gregory），順便把不必要的行李先帶到府城，即出發赴埔里。由這個動作，可看出往後這段路途的凶險，如果有個萬一，英領館

▲ 府城英國領事館（Pickering）

也好派人營救或收屍。他們取南南東方向，最初的13哩路儘是肥沃的平原，種有甘蔗、菸草、土豆、甘藷等作物；再來左邊就出現山脈了。「在彰化城東、峽谷入口處，約30餘位攜帶刀、火繩槍的高壯平埔武士前來迎接、護衛我們穿過野蠻土著盤踞的山區到埔社。順著蜿蜒的溪谷（按烏溪）東行，平埔人偶而在兩邊濃密的森林縱火。約走了6哩巨石、石頭滿佈的河床、涉渡無數的溪水，峽谷小徑越來越窄，只有5呎寬，我一伸手就可摸到兩旁垂直的山壁。到達某處一棵大樟樹幾乎把整個通路堵塞之地，我的抬椅（chair）差點無法通過。置身2,000～3,000英尺高的山區森林中，風景非常壯觀、秀麗，有時一棵倒下的大樹橫梗路中，我們不得不再次向它低頭，手腳並用地爬過去。我注意到岩層中有一、二個煤礦礦脈，600呎高處露出水晶礦層，相當耀眼奪目」。當晚露宿峽谷，升起營火，煮了隨身攜帶的罐頭湯汁，就在樹葉堆鋪上毛毯，儘管露水沉重，仍然一覺到天亮。

第八（17）日，繼續辛苦的登山行程，對平埔人而言卻是輕而易舉，5哩過後到達峽谷盡頭，山勢豁然開朗，雖然有時仍須披荊斬棘才能通行，但比之前的路段已輕鬆多了。路旁生長一些嚐起來微酸的木梅（覆盆子，raspberry），以及聞起來帶香味的羊齒植物，平埔人稱後者Tanpa。經請教巴宰族內社長老潘大州，應該指「刺蔥」，巴宰語稱做Tana，可去腥、調味，刺蔥炒飯、炒蛋相當好吃，浸酒有強筋健骨功效。另查資料，泰雅族也稱刺蔥Tana, 邵族則稱之為「達旦那」。產地在埔里、仁愛、魚池、集集一帶。「我們沒有遇到山區（泰雅）土著，但行經某處，平埔人云5年前曾在該地與他們發生激烈的戰鬥，殺了13名生番」。渡過一條美麗而湍急的大河（烏溪），水深達平埔人的頸項，然後又涉過6、7條較小的河流（烏溪上游眉溪、南港溪匯流處），入夜時分抵達埔社（Posia）或稱埔里社（Polisia）的地方。

「埔社人早已高舉火把在等候，見到我們立刻一擁而上，接過累歪的漢人苦力之抬椅，手忙腳亂地抬起他們不熟悉的載人工具，引來一陣哄笑，健壯的平埔人邁開大步，幾乎把我震落椅外。晚上下榻埔社33村莊之一的烏牛欄（Ou-gulan, 今埔里鎮愛蘭里）教會」。

阿赫伯形容埔里盆地，「是個土地肥沃、水利充沛、幾乎成橢圓形的平原，直徑約8英里，四周環繞著林木茂密的高山，是生番出沒遊獵之地。人口約5,000，包括一些作山產生意的漢人，他們用刀、火繩槍、火藥與平埔交換藤、鹿角、鹿皮等物。」如果比較1873年10月底，史蒂瑞（Joseph Steere）及布勒克（T. L. Bullock）二人的觀察，形成有趣的對照。史蒂瑞稱埔里，「直徑5到7哩的大圓形盆地，居民6,000～7,000千人，大多數是熟番」；布勒克云：「埔社盆地長5哩、寬4哩，略呈橢圓形，東方即是高1萬至1萬2千呎的中央山脈。住民有漢、原兩族，後者又稱熟番，佔大多數，約2,000餘人」。

▲ 1999年921大地震後成立的愛蘭華語教會（陳政三攝）

巴宰人熱愛打獵，而且槍法奇準，「有次我跟隨他們到林區，獵到3隻大麋鹿，鹿肉味道棒極了，」阿赫伯咂著舌頭品評道。他稱長老教會在此地相當成功，「1871年在牛睏（眠）山（Gukunswa, 埔里鎮牛眠里）設立第一座教堂；烏牛欄其次；第三座教堂在大湳（Toalam, 埔里大湳里），係1874年建造的二層樓磚屋」。他的說法並不正確，1871年底三位本土牧師李豹、李天才、李登炎奉派到烏牛欄宣教，次年分設大湳、牛眠山聚會所、並建立教堂。興建教堂先後依序為烏牛欄、牛睏山、大湳，時間為1872年3月以後的事，當時李庥、德馬太、馬偕3人首訪埔里，發現三社巴宰人正準備自建教堂；而且絕大部分都是信徒捐款，南部長老會只提供少許資助。據稍後史蒂瑞的描述，「烏牛欄教堂用紅磚砌成、石面鑲邊，內部皆用樟木裝潢，泥地上擺樟木長椅」。至於大湳教堂是否在74年改建成磚造二樓建築，待查。1875年2月下旬到過該地的英商柯樂（Arthur Corner）稱，「大湳教堂比烏牛欄的大」，可惜未提是否為二層建築。

一位老人向阿赫伯出示荷治時代的傳家寶，「那是2英尺長的銀質火柴盒，他說已傳了200年。從上面的一些符號，我相信真的是古荷蘭製的火柴盒」。阿赫伯只云他們在埔社停留5天，他的算法是去頭去尾的實待5天；實際上17日晚間抵達埔里，23日晨離開，前後7天；如據馬偕日記的記載，詳細行程為「17、18日在埔里社烏牛欄2天，19日去牛睏山，20日在大湳，21日大湳與鐵砧山（Thih-tiam-soaN, 埔里鎮鐵山里），22日回到烏牛欄」。

23日晨，他們離開埔里，巴宰人成群結隊送他們到南港溪畔，另有小隊武裝護衛隨行，「南行到五城小村（Ousia, 魚池鄉五城村），約住1,000名漳州籍移民，陪伴的衛士朝天空開槍歡送我們，並以巴宰語高喊『祝您們平安』（Pahuria raki），然後轉身回埔社。我們穿越一些茶園，近黃昏時刻抵達一個四哩長、二哩寬的美麗湖泊，名叫『水社海』（Tsui-sia-hai）或『水番湖』（Lake of the Water Savages）」。

阿赫伯對住在日月潭湖畔的邵族人印象不佳，「他們是墮落的種族，漢人如奴隸般的僱用他們肩負重物，只提供「三酒」（samshoo）當工資，不幸的是邵人實在太愛杯中物了。早期洋人用samshoo或samsu等類似發音描述漢人提供原住民喜飲的酒，據翁佳音尚待發表的考據，應為古語「三白」或「三酒」之近似發音；〈周禮・天官・酒人〉載：「酒人掌為五齊三酒，祭祀則供奉之。」筆者先前寫為「山酒」，偶寫成「燒酒」，前者有誤；後者雖不離譜，但也不夠正確。

喝了酒，一些酒醉的邵人倒臥在屋內，蟒甲獨木舟則倒翻過來，孤零零地擺在湖畔。整個家族住在上覆樹皮的低矮長屋，屋內僅以竹簾將男女睡的地方略為隔開。他們在臉上刺青、橫過鼻樑，身材高大，比率勻稱；但用布條緊束腰部的壞習慣，使身體整個變形，據稱是為了降低飢餓帶來的痛苦而束腰的。邵人划長獨木舟捕魚，這種挖空樹幹的獨木舟使我想起福州與南中國地區很普遍的龍船」。他稱邵人「橫過鼻樑的刺青」，其他到訪過的人士從未提過；可能只是少數人受到北方賽德克族的影響而已，應不是普遍的現象。待考。

阿赫伯稱邵族人身材高大（tall），但據金關丈夫從1936年起，共13年的研究，邵族成年男子平均身高158.2公分，在所有族群中算是矮小的，不過仍比賽夏、排灣、達悟、魯凱族高；顯見阿赫伯長得也不高。他下水洗澡，「發現湖底烏泥一片，還佈滿水草。湖中樹木茂盛的小島（拉魯島）住著一位作棺材的漢人，他似乎很滿意屋旁有小片菜園、果園的居住環境。承蒙湖畔一位讀書人收容我們，於是就在他家過夜」。他提到的棺材商，應該就是2年前，史蒂瑞碰到的那位介紹他們到他弟弟家住的老頭。因為根據到過該島的柯樂云，島上只住著一戶非常優雅的漢人農舍。

行程的第十五日，11月24日，他們應是在下午離開日月潭。何以見得？因為當天晚間才抵達濁水溪北岸的集集（Chipchip, 南投集集鎮），這段行程依據布勒克的經驗，只需2小時，而且是在登山的情況下。原名「半路店」、布氏筆下的「漢人移民定居的邊境小村」（a small Chinese settlement），才2年的時間，已成了阿赫伯眼中的「漢人大鎮」（the large town，which is entirely Chinese）。發展迅速之因，除了此地為民「番」交易之所，入山之要路外，依據洪敏麟《重修台灣省通致卷三住民志地名沿革篇》（頁335、338）記載，主要是1875年章高元以集集為根據地，開築橫貫中央山脈至水尾（花蓮縣瑞穗鄉）的西段道路，因此帶動當地的發展；東段則由副將張兆連負責。而南澳總兵吳光亮開鑿的另一條中路係由林圯埔（南投竹山鎮）起，迄璞石閣（花蓮縣玉里鎮），兩者不同。

「集集是Lo姓指揮官的總部，聽說他正領軍500兵，在離此兩天的（濁水溪上游陳有蘭溪）溪谷處開鑿山路，想通往位於北緯23度30分的東岸秀姑巒（Siukuluan）大港口（花蓮豐濱鄉港口村，秀姑巒溪出海口），」阿赫伯等人本想找嚮導引領他們前去谷中開路處參觀，「但山路難行，而且我們又是一大票人，怕嚇壞山區土著，所以只好放棄」。阿赫伯提到的Lo姓指揮官，可能是已離職的前署台灣道黎兆棠。

黎兆棠字召民，廣東人，因洞悉台灣詳情，「牡丹社事件」期間被沈葆楨保舉來台掌管營務處，中路的開鑿事實上係由他最早開始。翻開羅大春的《台灣海防並開山日記》，1874年陽曆10月1日載「以營務處黎君駐師中路」；10月28日載「中路經黎召民觀察募勇開闢」；不過到了11月17日，「黎召民觀察亦以疾請告，於（農曆九月）二十二日（陽曆10月31日）航海歸粵」。所以已病入膏肓的同治帝，或是他背後的藏鏡人慈禧，才會於同年陽曆12月21日朱批，

KAGO CAR.

▲ 日本轎子（F. Hawks）

「另片奏『道員黎兆棠因病回籍』等語。該員見經簡放津海關道，即著沈葆楨傳知黎兆棠病痊後迅速赴任，以重職守」。黎氏離任後，中路才由也是老廣的章高元、吳光亮負責，但如前述，吳開鑿的並非此段；這段築路工程係由淮軍系統負責，或許仍留當地的廣勇懷念剛離任的老長官，所以當阿赫伯詢問時，才會回話他們是由Lo姓長官指揮。「黎」的廣東發音為Le的上揚音，近似Lo。這只是筆者的推測，說不定章高元帳下真的有位姓Lo的軍官在負責；待考。但為何不是前述的署台灣北路游擊樂文祥呢？因為從現有的資料來看，他似乎並無參與開鑿中路的任何事蹟記載；但也不能完全排除。

11月25日清晨離開集集，到了濁水溪岸，糟糕，船夫還未上班，而渡船又停在對岸，幾位馬偕的學生自告奮勇，游到對面，想把船划過來，「但他們技術欠佳，河水把船沖往下游，直直地撞上河邊攔魚的柵欄，整艘船撞得肢離破碎！真是天有不測風雲，無奈，只好往更下游，找到艘木筏渡河」。阿赫伯未交代是否留下賠償金予船主，該不會是落荒而逃吧？

渡過濁水溪，不久即到林杞埔（Limkepo），「居民3,000，下轄附近24個以上的村鎮，」可見當時一定相當熱鬧。他們沿著蜿蜒的虎尾溪上游朝西南方向行進，晚間抵斗六（Toulak），夜宿該地。「嘉義知縣派了位下屬前來迎接我們，他十分慇勤，由於我僱的轎夫不願到府城，他還為我代僱新轎夫，」阿赫伯文中一直用單數的chair，可能只有他不慣長途跋涉僱轎代步，李庥、馬偕似乎都是用走的。而chair可為簡單的抬椅，或是四面封閉、有頂蓋的轎子，只能推測他在山區坐的是較輕便的抬椅；

▲ 赤崁樓

▲ 熱蘭遮城廢墟（陳政三攝）

▲ 日治初期的億載金城

從嘉義以後的行程改乘坐較舒適的轎子。他提到的嘉義知縣，可能是被福建巡撫丁日昌彈劾、而於次（1876）年九月奉旨「革職查辦」的楊寶吾。

11月26日，行程的第十七天，繼續朝西南到大蒲林（嘉義大林鎮），接上官道，一行人在當地黃姓（Mr. Huang）家中喝過茶，再南行至打貓（Tamao, 民雄鄉）。李庥、馬偕趁在打貓休息時，向民眾宣教；晚間抵嘉義。「我寫張謝卡給知縣，但知縣外出不在家。距我的目的地台灣府只剩兩天行程，第十九（27）日我與同行夥伴互道珍重，他們要到東方幾個佈道站巡視，而我順著朝南的官道，下午抵茅港尾（Ungkangbay, 台南市下營區茅港里），投宿一家舒適的官營客棧」。

據馬偕日記記載，他與李庥等人，「11月27、28日在白水溪（台南市白河區仙草里，關子嶺附近）做禮拜，29日到番仔田（台南市官田區隆田里），

30日在拔馬（台南市左鎮區左鎮里）」。其中白水溪教堂風波不斷，1875年1月底，甘為霖牧師（William Campbell）夜宿該教堂，差點被店仔口（白河鎮）反教的土豪吳志高派人縱火燒死；1878年初，白水教堂又被縱火，雖然犯案的店仔口人都被判刑，但在「戴潮春事件」立過功的吳志高卻罪不及身。12月上、中旬，馬偕到崗仔林（台南市左鎮區岡林里）、木柵（高雄市內門區木柵里）、阿里港（屏東縣里港鄉）、阿猴（屏東市）、打狗（高雄市）各地教堂證道；12月20日抵台南府城，與南部傳教師一同講習、開會；24日啟程北上。他回到淡水後，又要忙著處理11月間不在北部時，新店發生的教案。根據〈1875年英駐淡水及基隆領事貿易報告〉，11月間新店發生教堂被搶、遭焚事件，留守的華雅各醫師（Dr. J.B. Fraser）前往關切，還遭到恐嚇。《馬偕日記英文版》1876年6月19日記載（p. 197），「續在新店。禮拜堂起火」（at Sin-tiam. Chapel burnt）。加上1884年清法戰爭初期被焚毀，新店教堂可謂多災多難！

▲ 荷蘭東印度公司（VOC）

至於阿赫伯則於11月28日，經過19天、220哩路行程，抵達府城，下榻於招待周到的英國領事館。等船赴廈門的那幾天，他四處走訪城內外的名勝古蹟，拜訪幾位洋人。他與那幾年到過府城的外國人一樣，都提到安平港邊由法國工程師督建的億載金城，磚材取自熱蘭遮城廢墟。億載金城從1874年10月啟造，至1876年9月才竣工。另外他提到在城內看到的赤崁樓，「出入口通道門楣依稀可辨上刻“Anno - 1650；”的字樣」。有趣的是，也在同年年初來台、反向從台南走到台北的英商柯樂所解讀出來的卻是1654年。

赤崁樓係1652年「郭懷一事件」後，荷蘭人為防範漢人再度「造反」而建；不過國內有稱在1650年即建；有的書寫成1653年建造、同年完工；有的則寫1653年始建、隔年竣工；有的為1653年建、1655年竣工……等，莫衷一是。巴達維亞第九任總督馬特索科爾（Joan Maetsuyker）致荷蘭東印度公司（VOC）的兩封信或可稍解疑惑：第一封信寫於1654年1月19日，「福爾摩沙評議會已決定開建（在赤崁築城）此工程，由長官西撒爾（Cornelis Caesar）於（去年）9月25日奠基，正式動工修建」；第二信發於1655年1月26日，「西撒爾上任以來修建的城堡即將竣工，經我們批准，命名為普羅民遮城（Provintia）；只剩地方官在裡面的官邸尚未建成」。但這並不表示上刻的完工日期就是1655年；因為台灣長官報予巴達維亞總督之日期顯然在1654年底，前者可能認定當時已完工，而在門楣刻上類似"Anno 1654"的字樣。是否如此？待考。中村孝志就認為該城建於1653年，次年完工。

阿赫伯等到英國商船，經過24小時的快速航行，到達廈門，文章最後一句話為，「離開台灣，覺得相當遺憾！」此文在1877年3月12日，發表於皇家地理學會；英國前駐打狗領事館員布勒克，也於同日發表他與史蒂瑞、甘為霖赴日月潭、埔里、賽德克眉溪社、大社的遊記；與會當評論員的有前駐清公使、當時學會會長阿禮國（Rutherford Alcock），以及名攝影家湯姆森（John Thomson）。

# 神秘的英商柯樂

柯樂（Arthur Corner）是在廈門經商的英國人，很喜歡來台灣探險旅行，從他發表過的3篇文章，可知他至少來台3次。

第一篇〈台灣南部內山之旅〉（Journey in the Interior of Formosa），發表於1875年英國《皇家地理學會期刊》（*The proceedings of the Royal Geographical Society*），是他在1874年，由打狗（高雄）到屏東三地鄉口社村訪問魯凱族的遊記。當年他另到過番社（Hoansia, 台南縣東山鄉），也可能到了其他地方，但未詳細記載。

第二篇〈台灣旅行記〉（A Journey in Formosa），刊於1876年《清國與教會記事報》（*The Chinese Recorder and Missionary Journal*），一般都解讀為該年來台、從台南旅行到台北；但這是不正確的，來台應是在1875年2月。會造成這個誤會，乃是柯樂在這篇文章中完全未提及年代、月份，只寫出日期，難怪發表該文的教會記事報編輯，會誤以為旅行日期可能在1876年6月。

第三篇〈台灣南北走一回〉（A Tour through Formosa, from South to North），刊登於1877-78年的《皇家地理學會期刊》，內容與第二篇都是敘述1875年的那次旅行，但著墨的重點不同。而且第三篇文末，兼敘他另在1876年試圖從東岸立霧溪谷橫越中央山脈至埔里，發現不可行後，改由北方的大湖—東勢—大社—埔里—日月潭，與上次反方向的路線。文中只提到月份、日期，未提及年代；但他在一開始即寫道：「此行希望能深入台灣的內山，探視其他的原住民族群；上次南部之旅看到的原住民（按魯凱族），已發表在今年年初某期刊」。他指的就是發表於1875年《皇家地理學會期刊》的〈台灣南部內山之旅〉，所以這就透露出他第二次旅行的時間了。事實上，從本期介紹的〈英商柯樂養病之旅〉文中也看得出。

他繪畫的技巧似乎不差，多處提到寫生，可惜未隨文刊出，至今或已散佚。他喜歡蘭花，在台灣採集到黃絨蘭（*Eria corneri Reichb.*）、立奇蘭（*Cymbidium leachianum Reichb.*）兩種，1878年被列為新品種，前者更冠上他的姓氏以茲表揚。他拿著各種精密儀器爬山涉水、到處測量，竟然說是「養病之旅」！令人不覺懷疑其動機。他對植物、鳥獸、人種描寫細膩而深入，是早期探險家中難得一見的佳作。他與甘為霖、馬偕牧師熟識，但後兩者已刊行的著作只有《馬偕日記英文版》（p. 204）在1876年10月20日提到他的名字。因此，「神秘的」柯樂面紗，有待進一步揭開。

# 英商柯樂養病之旅——台灣南北走一回

柯樂（Arthur Corner）是一位在廈門經商的英國人，很喜歡到台灣探險旅行，從他發表過的3篇文章，可知至少來台3次。

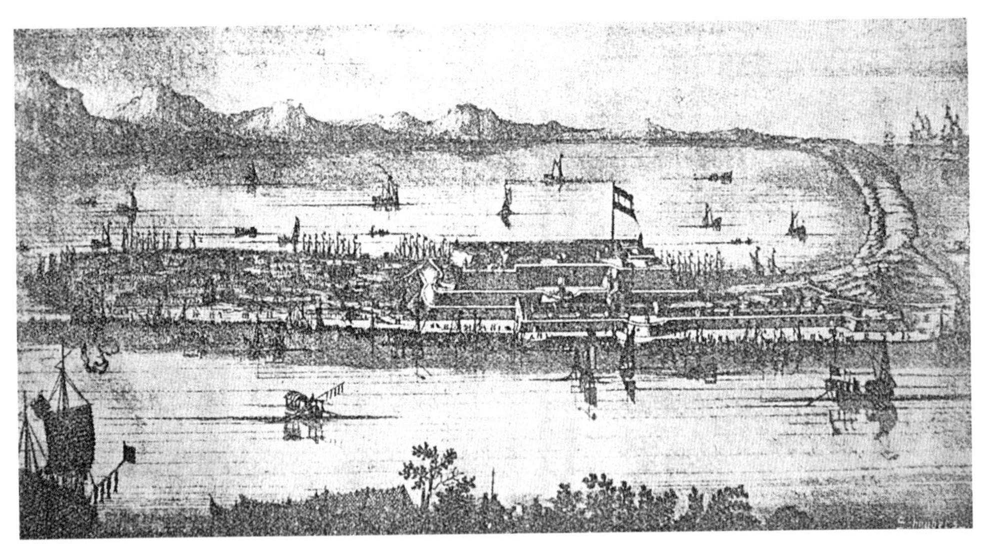

▲ 17世紀的熱蘭遮城

第一篇〈台灣南部內山之旅〉（Journey in the Interior of Formosa），發表於1875年英國《皇家地理學會期刊》，是他在1874年，由打狗（高雄）到屏東三地鄉口社村訪問魯凱族的遊記。當年他另到番社（Hoansia, 台南市東山區），也可能到了其他地方，但未詳細記載。

第二篇〈台灣旅行記〉（A Journey in Formosa），刊於1876年《清國與教會記事》（*The Chinese Recorder and Missionary Journal*），一般都解讀為該年來

台、從事台南到台北的遊記；但這是不正確的，來台期間應是在1875年2月。會造成這個誤會，乃是柯樂在這篇文章中完全未提及年代、月份，只寫出日期，難怪發表該文的教會公報編輯，誤以為旅行日期可能在1876年6月。

第三篇〈台灣南北走一回〉（A Tour through Formosa, from South to North），刊登於1877年的《皇家地理學會期刊》，內容與第二篇都是敘述1875年的那次旅行，但著墨的重點不同。而且第三篇文末，兼敘他另在1876年試圖從東岸立霧溪谷橫越中央山脈至埔里，發現不可行後，改由北方的大湖—東勢—大社—埔里—日月潭，與上次反向的路線。文中只提到月份、日期，未提及年代；但他在一開始即云：「此行希望能深入台灣的內山，探視其他的原住民族群；上次南部之旅看到的原住民（按魯凱族），已發表在今年年初某期刊」。他指的就是發表於1875年《皇家地理學會期刊》的〈台灣南部內山之旅〉，所以這就透露出他第二次旅行的時間了。事實上，從文章中也看得出，詳後。

## 老府城新建設

▲熱蘭遮城（陳政三攝）

廈門英國商人柯樂（Arthur Corner）在1875年初大病一場後，決定來台做一次養病之旅。約於2月上中旬抵台灣府（台南），住在安平熱蘭遮城附近，可能下榻於港邊的洋行或海關宿舍。停留安平那幾天，他四處遛達，對「牡丹社事件」後，府城附近增建的防衛措施多所著墨。那時荷蘭人在一鯤身小丘上建造、有141年歲月的熱蘭遮城，早已傾圮不堪，「只剩一堆斷垣殘壁，一棵孤零零的大樹矗立丘頂，四周有幾戶漢式建屋，成了此處單調海岸供船舶入港的好地標。官方派人將磚牆敲下，以供約一哩外、正由法國工程師帛爾陀（M. Berthault）督建的新城堡使用。聽說他們本想將那棵大樹砍掉，但有人建議仍保留」。

柯樂提到的新城堡，是從1874年10月起，沈葆楨在離古堡1.5公里、三鯤身海邊建築的億載金城，「欽差大臣用法籍顧問帛爾陀提出、類似巴黎四周要塞的藍圖。因缺磚塊，便把熱城寶貴的古蹟拆毀了，」曾於1883或1884年初來台

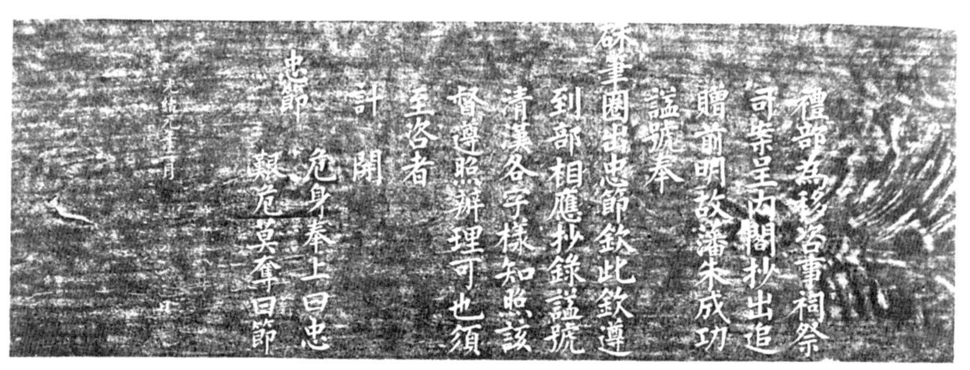
禮部為移咨事祠祭
司案呈內閣抄出追
贈前明故藩朱成功
謚號奉
硃筆圈出忠節欽此欽遵
到部相應抄錄謚號
清漢各字樣知照該
督遵照辦理可也須
至咨者
計開
忠節　危身奉上曰忠
臨危莫奪曰節
光緒元年二月　日

謚號忠節の額　　臺南 開山神社藏

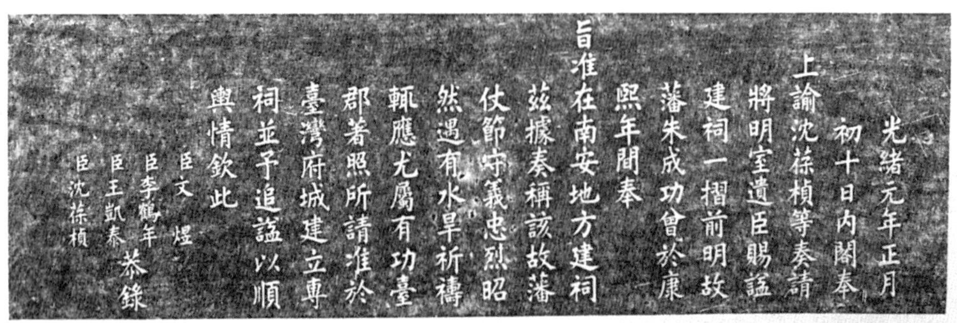
光緒元年正月
初十日內閣奉
上諭沈葆楨等奏請
將明室遺臣賜謚
建祠一摺前明故
藩朱成功曾於康
熙年間奉
旨准在南安地方建祠
茲據奏稱該故藩
仗節守義忠烈昭
然遇有水旱祈禱
輒應尤屬有功臺
郡著照所請准於
臺灣府城建立專
祠並予追謚以順
輿情欽此
臣文煜
臣李鶴年
臣王凱泰
臣沈葆楨　恭錄

沈葆楨の奏文　　臺南 開山神社藏

▲沈葆禎奏文（台灣史料集成）

的于雅樂（C. Imbault-Huart）惋惜地寫道。1873年10月中旬到安平的史蒂瑞則觀察到，「一群工人正敲下城牆泥磚，推滾下山供做建材，安平大部分的建築物，都是靠這樣取得材料的。」顯見，破壞古蹟早在建造億載金城之前，即已開始。柯樂認為新堡的建材不佳，增加施工的麻煩，恐怕無法像舊堡維持那麼長久。這個台灣第一座西式砲台億載金城本預定半年內完成，但中間爆發主事者台灣知府凌定國浮報、侵吞建設經費弊案，迄1876年9月才完工。柯樂不幸言中，該城在日治時代即已傾頹；1975年台南市政府重修滿百年的億載金城，現已列為國家一級古蹟。

最早在淡水成立第一個洋式海關、曾任淡水及打狗海關稅務司的滿斯文（William Maxwell, 有譯為麥士威）於1865下半年逝世前，在一篇叫〈台灣府〉（Tai-wan-foo）的文章指出，「府城城牆至少有20處因地震、颱風豪雨而崩塌；但官方忙於鎮暴（按「戴潮春事件」），無多餘經費修復」。此時，也在沈葆楨的「設防」計劃項下修復了，「城牆修復情況良好…城內有大片空地，間雜綠草如茵、林木扶疏的美麗公園。帛爾陀的家類似公園，不幸，卻靠近令人不舒服的一座軍火庫旁」。由柯樂的這段話，得知帛爾陀住於小東門內、1875年1月17日才完工的火藥局旁邊。

柯樂並參觀已荒廢的赤崁樓（紅毛樓），他從門楣上刻的模糊字跡依稀辨識出「1654」字樣，應是荷蘭人建成這座原稱普羅民遮城（Provintia）的年代。同年11月，幾乎同樣路線、由台北走到府城的英國外交官阿赫伯（Herbert J. Allen），則稱赤崁樓上刻年代為「1650」。柯樂云，「幾年前，此地是被處死前的英俘囚禁之地…現在只住著貓頭鷹及蝙蝠」，柯樂應是根據當地洋人或地方導遊告訴他的訊息，不過並不正確。稱，鴉片戰爭期間，遭俘的英國船員與傭兵，被關在府監及縣倉；可能與他一齊探尋監獄所在的必麒麟（William Pickering）也參觀過縣倉。事實上是，生還的英俘9人在1842年8月22日由其他拘留所移監赤崁樓；11月22或23日（英方資料記為11月24日，可能抵達後的隔天或隔2天），該9名英俘才獲釋回到鼓浪嶼英方手中。

柯樂僱了2名轎夫、2名挑夫；本來還請一位年輕人充當翻譯兼嚮導，但這名翻譯臨行以生病為藉口，打退堂鼓。所以，只好讓挑夫權充嚮導，柯樂則以略通的破閩南語，加上肢體動作自力救濟。他估計這趟旅行需時2週，只攜帶幾條毛毯、幾罐為變換口味的罐頭食物、羅盤、無液氣壓計、筆記本、廈門方言字典；轎子只用到4天後的北方山麓處，再來的山區將以步行完成，他希望用輕鬆的方式，完成這趟「痊癒期的養病之旅」（a kind of convalescent ramble）。

1875年2月15日上午9時，柯樂從府城出發，穿過北門外的校場，也就是英俘斬首處。同行的除了4名苦力，另有送行的甘為霖牧師（William Campbell），「牧師陪我走了好幾哩，不斷用閩南語叮嚀挑夫、要好好照顧我，最後祝福我們旅途平安」。柯樂顯然請教過甘牧師這位識途老馬，所以沿途只要有教會的地方，都住在教堂；由往後柯樂的行程，也看得出甘為霖曾走過路線的影子。事實上，他請的挑夫，都是甘牧師代覓的，何以見得？因為稍後抵達內社（Laisia），他介紹了2位都住當地的挑夫，一位叫阿踏歪（A Tou Wye，甘牧師用A-ta-oai）、一位叫加苞（Kar Pow, 甘牧師用Ka-pau），不但都是基督徒，前者還是內社教會的長老，後者是教會執事。

## 農村風情

一行揮別甘牧師，朝北行，下午2時許，約在安定鄉附近渡過曾文溪，柯樂提到，「與我去年（按1874）在南邊下游處，搭竹排過河的是同一條溪」。這裡再度證明他這次旅行是在1875年，他在第二篇文章云，去（1874）年曾渡此溪赴番社訪問；事實上，由億載金城尚是初建的情況，也已透露出年度。過了河，取東北方向，沿著曾文溪北岸，經過麻豆，途中含羞草（mimosa），林投這種露兜樹屬植物（screw pines），鐵莧、油桐、山蔴桿等大戟樹屬植物（euphorbia）處處可見；鳥類不多，只看到幾種鷹類（hawks）。稍後，田野犬牙交錯、種植農作物的小溪谷，築著河堤，以防河水氾濫成災。約於下午4時50分，一行抵達番仔田（Hoan a Chan, 今官田鄉隆田村），投宿當地茅頂、白牆的小教堂。

當天是星期二，信徒下完田，趕著上載甘蔗、木柴的2輪牛車返村，稍事梳洗，都來到教堂參加黃昏的祈禱聚會，「年輕的牧師主持這場晚禱，男女分坐、各據一角，儀式先從吟唱羅馬拼音印成的聖歌開始，然後信徒輪流唸一段聖經，再由牧師簡短解說，最後在虔誠的禱告中結束」。柯樂到附近散步，看見2名婦女用原始的手推石磨在磨東西，另有人正蒸餾發酵過的米酒，很單純、恬靜且知足的鄉村生活。

▲農民簡陋的除穗器（B. Bax, The Eastern Seas）

第二（16）日，起個大早，清晨7點整上路，8點經過茅港尾（Hui Kang-boe, 台南市下營區茅港里）。田間種滿作物，農夫正採收豌豆，尚待下次收成的甘藷，成行的種在豌豆菜畦之間，高大的茴香（fennel）茂盛地長著。由於土壤適合甘蔗的生長，整天的行程中，蔗田更是處處可見。柯樂發現這一帶鳥類較多，「一種剪尾大黑鳥（可能是俗稱烏秋的大捲尾）最常見到，還有知更鳥；會唱歌的畫眉（thrush），在地人稱牠『水狗』（Tsui coe or water-fowl, 可能是俗稱魚狗的翠鳥）；一種類似縫葉鶯（tailor-bird, 鶯科類）的小鳥」。11時30分，經過正採收花生的茄苳仔（Kar Tang-A, 台南市後壁區）；中午12點40分至下茄苳（E Kar Tang, 後壁鄉嘉冬村）；下午4點30分抵達嘉義城，夜宿城內蓋在寺廟旁的教堂。「嘉義城位於南北官道上，大英海軍地圖最近才將它標上。從此處到我將前往的山區，海軍地圖並未標出任何村落的地名；地圖只註明西海岸、北至淡水的大鎮地名。從嘉義城牆東眺山區，風景美極了！」柯樂所稱的官道，北從艋舺（萬華），南迄鳳山，大致與目前的台一線省道類似。奇怪的是，他對每天的幾點幾分都註明得相當詳細，唯獨忽略了年代，搞得百多年後的研究者，須冒著出差錯的風險，大費周章加以考據。

第三天，2月17日，上午8時許出發，10點到打貓（Tarniou, 嘉義縣民雄鄉），11點30分抵大莆林（Toa-paw-na, 嘉義縣大林鎮），「這些我提到的地方，都是市集所在的商鎮。鎮上通常有條十分骯髒的長街，兩旁商店前設拱廊，店內擺設各種農產品、魚、肉等物販售」。他們漸近丘陵地，梯田觸目皆是，每區梯田的最高處設有灌溉用的大水塘，出水口相當大、用水壩堵住，柯樂對漢人靈巧的水利建設大表讚佩，「有些設施十分驚人，水流較大的地方，閘門底下鋪上鵝卵石，並用水泥固定；土質較鬆之處，則以竹籬笆圍堤。這些設計，可以防止山洪爆發帶來的潰堤及土壤流失。水面上棲息許多水鴨，牠們遭同行苦力騷擾，鼓動翅膀、拍擊水面，驚慌而逃」。再前行，穿過石龜溪（Cho Koo-day, 雲林縣斗南鎮石龜里、石溪里），下午4點整抵達斗六（Tao Lae）。該地沒有乾淨、舒適的教堂，只好住進一家柯樂宣稱：「我連馬都不想牽進去的骯髒客棧，」但別無選擇，只得將就，「在這種客棧，可以買到叫『飧』（thung）的泡飯、鹽巴、蝦子及鴨蛋，也可買到雞蛋、雞肉，有時還供應羊肉；但烹飪技巧不佳，讓我吃後仍感飢餓」。除了上述缺點，尚有嗆鼻的鴉片煙味、四處漫遊的豬隻、剝落的舊牆，幸好無跳蚤騷擾，勉強湊合一晚。

第四天，2月18日，一大早7點即逃離客棧，朝東北方向出發，9點30抵達九芎林（Kio Kiong Na, 雲林縣林內鄉九芎村）。這時已逐漸進入山區，遇到了第一座山脈，斷崖峭壁間夾著一大片由沙土、鵝卵石、古老石板岩構成、寸草不生的平原。虎尾溪上游河床，散佈著大片煤屑，苦力撿拾一些備用，柯樂認為上游處應有煤層存在。11點整，搭乘平底船橫渡從山上奔流而下的大河烏溪水（Au-Khe-Tsui, 濁水溪上游清水溪舊名），「靠岸時，我畫了一張木筏（raft）素描，」柯樂繪畫技巧似乎不差，可惜未隨文刊出，至今或已散佚？中午12點到了林埔（Lim Ke Peau, 南投縣竹山鎮），「我遣散了轎夫，雖然大部分路程我都用走的，但有轎子的確便利。問題是除非自己特製的轎子，否則乘坐這種漢人的玩意，實在不舒服；不過它可置放東西，下雨時也可躲在裡面」。

柯樂用氣壓計測出當地海拔高度567英尺，附近有幾間蔗糖輾製廠；眼前夾在丘陵間的高原越來越陡峭，也越來越狹窄。一行剩3人，渡過湍急的濁水溪，下午5點抵達集集（Chip Chip），夜宿當地一家比前晚更差的客棧。此地測得海拔高度707英尺，他寬衣解帶，在溪中洗澡；野外溪河洗浴，是早期最普遍的方式。

## 水社龍湖

第五天，2月19日上午8點出發，一些當地人上加入他們、結伴同行，順著濁水溪主流蜿蜒東行，途中兩度搭乘木筏渡過筆直峭壁橫阻的曲流處，峭壁上有幾處懸著板岩的洞穴湧出清澈冰涼的水流，與混濁的河水成了強烈的對比。他們在登山入口處，賣甘蔗、飲料的小棚略事休息，突見一名平埔漢子用木架扛著隻山豬，從森林鑽出。之後，即開始登山，「首先攀越已被漢人砍伐部分樹林的山區，穿過堆積如山的木材，每個人火槍在手，隨時準備應付土著的突擊。進入森林，遇到一群友善的原住民（aborigines），我不知他們是否屬於不友善的部落，但嚮導建議我絕對不要走在陌生人前面，因為如遇狀況，子彈可不長眼睛」。

柯樂在第二文〈台灣旅行記〉提到，那些友善的原住民是平埔族（「熟番」，Sek-hoan），對他攜帶的連發左輪手槍及美式獵刀相當感興趣；只是未說明是哪一個平埔族群，但肯定不是與挑夫同樣的巴宰族；可能就是本文〈台灣南北走一回〉稍後提到，在南邊頭社（Kao Sia, 魚池鄉頭社村）遇見、並作素描的那群人，「我在水社時，頭社人從山上下來，到我投宿的漢人地主處談生意，他們的長相、服飾與水社人很相像」。這是當然，兩社人都屬邵族，柯樂似乎未察覺此點。

穿梭於林間小徑，所到之處景色宜人，「壯麗的桫欏（tree-ferns, 筆筒樹、台灣樹蕨、台灣桫欏）、棕櫚，野生的芭蕉，還有攀爬的羊齒植物（climbing fern, 海金沙、台灣山蘇花）茂密地生長著，某些寬葉爬藤羊齒類居然可以將高約60呎的大樹整個蓋住。我在某高點，測得海拔2,082英尺。行經小片茶園，下午2點抵達龍湖（the Dragon Lake, 日月潭）湖畔的水社（Tsui Sia）」。根據柯樂的估計，湖面南北約3哩長、東西1哩寬，西邊有一處出水口。湖邊住著無攻擊性的邵族，「漢人稱其『水番』（Tsui-hoans or water-men）。我住在一位有地位的漢人的家，很舒適。安頓好，到湖岸散步，畫幾張寫生；靜謐的山光水色十分迷人，小水鴨（原文印成seals海豹，應是teals之誤，又名綠翅鴨，冬季候鳥）在湖中四處徜徉，真是一處可讓愛好戶外運動者、藝術家、博物學者，或地理學家停留個把月的好所在。測得此湖海拔2,366英尺。」這位有地位的漢人地主，應該即是1873年10月中下旬，收容史蒂瑞（Joseph Steere）與布勒克（T. L. Bullock）的當地漢裔頭人。柯樂還拜訪了頭人住在湖中拉魯島（Lalu, 原光華島）一間非常優雅農舍的哥哥，只是他不知道兩者之間的關係而已。

他描述對水社人的印象，「基本上是群沉默的人，雖然懶惰、無活力。穿著從頸部直到腰帶處、用一連串小棉袋組成的套衣（胴衣），都不穿褲子；兒童則全都赤裸身體。男人佩帶多串紅玉髓項鍊，以及一種類似野豬獠牙的圓形飾物；頭戴前飾獸齒的皮帽，長髮成波浪狀；沒有紋身習慣。有些男孩眼睛很大、長相英俊、膚色黑中帶紅。女孩的確好看，衣著類似南部山區土著（按他訪問過的魯凱族）類似，下穿山地布滾邊的棉短裙，上著只及胸部的長袖短夾衣，小腿裹護脛布，不綁小腳，頭髮中分、用黑線纏繞，戴頭巾」。他對女性衣著的觀察，與史蒂瑞描述的「圍身沙雅裙」不一樣，可能是季節不同的關係；而邵族女孩中空式的穿著，比台灣女孩一度熱衷、目前退燒中的露肚臍服飾還更先進、更大膽。

對於邵族的蟒甲舟，柯樂觀察如下，「捕魚是土著維生的方式，他們挖空樹幹做成獨木舟，船尾用木板橫撐、船首塞上黏土、草皮（以防滲水）；雖然人們都是坐在船尾划船，船首通常露出水面。這裡只用一支狀似矛端的划槳操舟，很像新加坡馬來人使用的槳，連獨木舟也相似，只是此地的較大而已。這些獨木舟是台灣原住民具有馬來淵源的確切證據。我還看到兩舟合併在一起的雙併式怪蟒甲」。

## 007鼻祖？

柯樂對未攜帶六分儀（Sextant）殊表婉惜，否則就可以標出日月潭的正確經緯度，他這麼認真幹嘛？而且到處測量海拔高度。他自稱，「假如再有機會再度造訪，將攜帶適當的儀器…這些測量結果，有助於改善我們目前不夠精確的福爾摩沙地圖」。依筆者揣測，他說不定是007的鼻祖，他的旅行不但有商業目的，恐怕還兼負英國情報單位的任務！所謂「養病之旅」，可能只是個幌子，你說，哪有人養病還爬山涉水的？隔年他再來台，果然帶足了儀器，到處東測西量，以增加日不落國對台灣的瞭解。他宣稱，以往有人認為「潭水無出口」，是錯誤的推測，依據他的實地走訪，此湖不但有入口，而且有出口。

他還表示此地距他最想造訪的玉山（Mount Morrison）、東海岸二處很近，前者近在咫尺，後者只須兩天路程；但無法克服的困難是，一則找不到願意帶路的在地土著嚮導，再則無法取得山區部落的同意「借路」，加上部落間又常彼此混戰，使他及其他洋人尚未能赴上述二地探訪。

第六天，2月20日禮拜天，一行3人於上午8點離開水社，沿湖的東岸出發，不久即鑽進森林，遇到一隊帶著幾隻獵狗的武裝平埔人（Pe-pau-hoan, 可能也是住在湖邊四周的邵族人），願意護送他們穿過森林。爬了幾座山，順著南港溪（烏溪上游之一）滿佈巨石、大圓石的溪谷北上。置身四周儘是掛滿蔓草、爬藤的林木間，長藤的粗皮很像軟木塞，另有樟樹等好木材。柯樂於〈台灣旅行記〉提到，在林中也與賽德克族「霧番」（Bu-hoan）不期而遇，「他們是盤據埔社東方山脈的大部落，領隊小頭目長得很英俊，但非常靦腆，離開前才顯露友善」。柯樂心中其實怕得要死，但為了以後攀登玉山能有個好嚮導，居然開口：「我提出請他當嚮導的要求，但伊有反應」。這種遭遇值得一提，不知為何在第三文漏掉？

▲ 柯樂最想造訪的玉山（W. Campbell, Sketches from Formosa）

他們在林區邊緣斜坡處，發現一座廢棄的陶器廠，「順著山坡築造一條磚壁長坑道，裡面用來燒製盛水及家用的大陶甕。」這種燒陶的地方，即為當地人稱的「目仔窯」，俗稱「爖」。走出森林，與護送他們的平埔武士揮別，快步下山，涉渡南港溪、東埔溪，來到海拔351英尺的埔社（Posia, 南投埔里）平原，下午2點抵達巴宰人住的烏牛欄社（Au Gu Lan, 埔里鎮愛欄里）。社民幾乎全是基督徒，剛好結束禮拜儀式，從教堂湧出，見到柯樂等人，熱情的一湧而上，爭相與他們握手、道「平安」（Peng Aan）。當晚夜宿該社教堂。隔（21）日，走訪位在盆地內較高平原的大湳（Twa Lam, 埔里鎮大湳里）、牛睏（眠）山（Go Kum Swa, 埔里鎮牛眠里），「這兩個基督徒住的村社，都有一座大教堂，人們似乎很高興看到外國人，我必須戴上鐵手套，才能應付來自全村握手的圍攻，還有『平安』的招呼」。他在〈台灣旅行記〉提到當時擔任大湳教會的牧師叫Beng-ho, 以及牛睏山教會牧師李天才（Thien-tsai），另外尚提到停留期間，受到長得很高的天才嫂的熱情招待。由此推測，21日晚上可能夜宿牛睏山教堂。

▲ 大湳教會內部（陳政三攝）

▲ 牛眠教會（陳政三攝）

「埔社這些貧窮的平埔人很多患有甲狀腺腫，他們外表略顯與漢人混血的情況，穿著漢式服飾，但仍保有許多原住民的特徵。有些人認為平埔族混著荷蘭人血統，我不知事情真相，即便如此，也未改善他們的外觀。尤其老嫗更是醜陋，她們有凹窄的前額、凸出的下顎，配上黑黝黝的殘牙；有的甚至像猩猩一樣，上嘴唇很長、下顎凹陷。所有的婦女及小女孩都戴棉質女帽，看起來很醜；她們前面的頭髮剪成瀏海，垂到眼睛上端，」柯樂對埔社巴宰人的外表評價不高；1873年10月，與甘為霖、史蒂瑞同訪埔社的布勒克卻有不同的評語：「他們身材高挑，長得好看，有雙黑色大眼睛，闊嘴暴牙」。

## 植物之旅

作染料的靛藍（indigo）已採收；人們將蕪菁（turnip, 俗稱大頭菜）犁入土中當肥料；較高的平原種滿大麻（hemp, 學名*Boehmeria nivea*），據柯樂稱，「從此地起、北至淡水，都有大麻這種農作物。」他認為大麻冠上「雪白」（nivea）實在名符其實，當微風吹拂而過，上黑下白的麻葉隨之搖曳，如雪花翻飛，漂亮極了。2月的晚間相當寒冷，老人都隨身攜帶置放於竹籃內的小炭爐，老翁將火爐掛在外衣內腰際，老嫗手捧火爐，年輕男人則吊掛在後面。

他剛好有機會參觀埔社人「做酒」（making "Chiu"）的過程。首先，將漢人製造、普遍使用的半球形生鐵鍋置於泥竈上；上面覆蓋木質盆桶，盆桶內倒置另具生鐵鍋，下鍋、上桶間斜擺有一個孔隙的隔板。用泥巴封住下鍋、上桶間的縫隙，生火蒸餾放在下鍋內已搗碎、發酵過的米，蒸氣順著孔隙升至上鍋頂凝結成水氣，流到斜放的隔板，再順著插入的細竹管流出，即成米酒。「做酒的米須先蒸過、再經發酵，然後搗碎。據說加入老嫗咀嚼過的米，發酵情形更佳；如加入年輕婦女的，則效果打折。米酒呈淡粉紅色，嚐起來很辛辣，像不佳的雪莉酒那麼強」。

2月22日清晨，行程的第八天，原文寫為21日，應是排版錯誤，柯樂先在牛眠山南邊的眉溪洗完澡，揹起行囊下到烏牛欄社，沿著南港溪西行。幾乎整個埔社的基督徒都來送行，柯樂試圖騎上牛背過河，但那牛卻抵死不從；挑夫想揹他過河，換柯樂死也不肯；這時送行的一位矮個婦人見狀，走進河中試探水深，水才及腰，真尷尬。到了森林入口，揮別眾人，開始一整天辛苦的跋涉，「計劃走50華里（li）山路，當晚可抵草鞋墩（Chao E Tun, 草屯）。依漢人算法，50華里約17英里，但我認為應該是25哩，」柯樂的或漢人的換算法都錯誤，但後者較正確，應該是近17.9哩。他們似乎是沿著烏溪（下游稱大肚溪）、穿過壽山與九份二山之間較低的谷地，因為柯樂測得的海拔高度才2,177英尺，也不過663.5公尺。他在林中射殺一條翠綠色水蛇；採集了蘭花、羊齒植物，並帶回廈門栽培，「希望夏天時，能開出美麗的花朵，為植物學界增加新品種，」柯樂的確達成所願，他在台灣採集到的蘭花，有黃絨蘭（*Eria corneri Reichb.*）、立奇蘭（*Cymbidium leachianum Reichb.*）兩種，同於1878年被列為新品種，前者更冠上他的姓氏，以茲表揚。鑽出林區，眼前是一片砂岩構成的斷崖峭壁，「岩層景然，遠處山丘鋸齒狀的輪廓，好不壯觀」，這裡應該就是草屯東方的九九峰了。

晚間6點30分抵草鞋墩，找到一處又髒又臭的客棧，旅客四處橫臥、猛抽鴉片，柯樂被引到無頂蓋閣樓，實在不滿意，乃獨自上街想另覓住處，「但我言語不通，事情有點棘手，幸好一位開設煙草鋪（tobacco-shop）的可敬店主邀我住他家。把行李取來，我就住進店鋪上面的閣樓，鴉片煙味仍然不斷飄來，看來與住在客棧相差無幾」。他提到的煙草鋪，是賣鴉片兼賣煙草的店鋪。為了壓制鴉片臭味，他取出雪茄，讓空氣稍微帶點香味。

第九（23）日，上午7點30分出發，取西北方向，沿途經過許多村莊、農舍，農夫正在播種春稻，利用踩踏水車的方式，從烏溪支流旱溪取水灌溉。中午抵旱尾溪（Ta-veh Ket, 台中市東區旱溪里），略事休息，再北行，「此時已可看到『東方』美麗的雪山（Mount Sylvia）。」他看到的可能是另座高山，雪山應在當時的東北方向。下午4點終於抵達巴宰族的祖居地岸裡大社（Toa Sia, 台中市神岡區岸裡里、大社里），夜宿教堂。

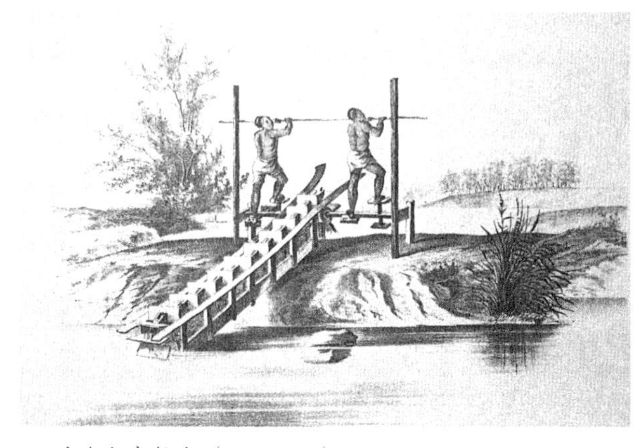

▲ 踩踏水車抽水（F. Hawks）

第十天（24日），下午2點才離開大社，一路朝北，沿途溪流沖積平原滿佈砂土、砂岩、鵝卵石、石板岩，還有大如人頭的岩石。渡過寬廣、乾枯的大甲溪，柯樂穿著皮鞋在河床圓石間跳躍前進，不但累人而且相當危險，乃由挑夫輪流揹他過河。到了大安溪谷南邊種植稻米的美麗平原，開始感受到從上游溪谷缺口吹進的東北季風，不過林間的溫度仍相對地溫暖。林中只看到木莓、芭樂、紫羅蘭、含羞草，還有一、二株白星海芋屬植物（arum）開著花朵，「要是換個季節來就好，可以看到蘭花盛開，還有更多的其他植物，」柯樂愛蘭成痴、婉息道。沿途除了茶園，也看見長得很茂盛的罌粟田，他稱該地的罌粟不像大陸廣種的黑色罌粟，而是紅色、紫色，還有其他色澤。渡過大安溪，傍晚6點抵達大安溪北岸的內社（Lai Sia, 苗栗縣三義鄉鯉魚村），夜宿教堂。他用Sai Sia, 不知是排版誤植，還是聽錯而筆誤？

## 走訪巴宰內社

內社是巴宰族基督徒建立的小移民村，漢人稱之為「番仔城」，四面封閉在峭壁之中，由於經常受到來自山區泰雅族的出草威脅，「就我瞭解，他們打算棄村，用平埔基督徒『出埃及記』（exodus）的方式，遷移至祖居地『埔社』，」柯樂可能聽錯，內社的祖居地在大社及其附近，由於「番害」不斷，1879年遷移至大社，1882年以後又陸續遷返內社，當然也可能有人移居他處或不再遷回內社。他介紹2位一路陪伴的挑夫兼嚮導，「他們都是內社人，各有大家族在此，而且都是教會執事。乖乖，只聽過『教士統治』（priest-ridden），沒想到我過河時竟然『騎在執事背上』（ridding on a deacon's back），真有點不敬。」柯樂玩了點文字遊戲，「加苞是位樂天派，幫忙極大，雖然彼此言語不通，但總是知道我的需求，讓我不用凡事自己動手；阿踏歪看起來陰沉、沮喪，但健步如飛。2位都是幫忙很大的好夥伴，可惜因我的破閩南語，使我只能靠觀察來獲得資訊；雖然帶了本不錯的廈門方言字典，但與台灣方言有很多地方不同，害我查得火冒三丈」。

加苞執事全名潘加苞打歪，經常為南部教會「快遞」各種信件、書籍與經費款項至各地，甘為霖在《台灣隨筆》（*Sketches from Formosa*）表揚他的貢獻，「當過信差的不只他一個，但他從未出過差錯。台南到內社一趟須走6天，放心，他總會準時送達，而且幽默感十足」。阿踏歪長老全名潘阿踏歪阿馬達，與加苞是首批在1872年3月由李庥牧師（Hugh Ritchie）領洗的內社信徒，兒子潘文明任牧師。他們兩個後來都在1879年舉家遷居大社，而且都早死，前者卒於1887年大社，59歲；後者卒於1888年烏牛欄，更早，才55歲。可能因生活不佳、過度操勞使然。

第十一日，2月25號，上午9點在村民的歡送、祝福聲中離開內社，一行3人繼續朝北前進，此時柯樂已略受風寒、輕微發燒。不久走出溪谷，開始登山，丘陵的樹木幾乎已被砍伐一空，零零落落地散佈樟木殘株，以及燒好的木炭，羊齒植物的新芽堅強地從焚過的草地鑽出，一陣微風迎面拂來，令人為之神清氣爽。越過丘陵地，橫過後龍溪切穿台地的漂亮溪谷，河岸旁筆直的峭壁高聳，此時貓里街（Bar-ne-keh, 苗栗市）已在不遠的山下，「貓里街住的是類似吉普賽人的客家人，他們在大陸四處遷移，主要分布於廣東南部。此地販售一些非常漂亮的皮草，我買了一張大豹皮。」離開苗栗，沿途稻田一片，於傍晚六點抵達新港社（Sin Kong, 後龍鎮新民里，原分東、西社），投宿馬偕（George L. MacKay）北部教會最南方的教堂。「由於整天濃霧密佈，視線不良，沒想到新港比我想像中的靠海，還意外地吃到幾條鮮魚。此地標於大英海軍地圖，自嘉義城離開官道，從現在開始又接上了」。新港教堂的牆壁居然畫上太陽系行星圖，還有世界地圖，以及聖詩教唱用的大型音階音符，令柯樂頗為驚訝。

▲ 早期山區樟樹叢生（A. Fischer）

2月26日，行程的第十二天，柯樂腳痛、起水泡，又下起雨，想僱轎代步，但找了半天仍僱不到，上午10點決定徒步出發。冒著迎面襲來的大雨，舉步維艱地走過幾座沙丘，來到停泊戎克帆船的中港溪河口，搭上渡船過河，中午時刻抵達一處柯樂「忘了記下地名的大鎮」，該鎮即為當時貿易鼎盛的中港（苗栗縣竹南鎮中港里），終於僱到轎子。一行3人，加上2名轎夫，頂著大雨朝竹塹（Teuk Cham, 新竹市）疾行，「從中午僱到轎子，到傍晚6點住進客棧，大雨傾盆，我一直躲在轎內，沒太注意外面的景色」。

2月27日，第十三天，大雨仍然落不停，上午8點搭上轎子從新竹出發北行。附近大部分是平坦的田野，間雜低丘陵地。不久，到某渡河處，「搭上用一條無間斷的長藤所導引的渡船過河，是生平僅見最長的樹藤，我實在沒有勇氣估量它的長度，」柯樂渡河處應是鳳山溪；同年底，阿赫伯（Herbert J. Allen）與馬偕、李庥曾用這種方式渡河，阿赫伯寫道，「船夫拉扯一條綁在河流兩岸木樁的藤繩，將我們擺渡過雨季湍急的鳳山溪」，只是他們是南下，與柯樂北行方向不同而已。過了河，再來就是聞名的桌山（Table Hill），也就是湖口台地，台地上稻秧幼苗的四周，遍植蘆葦以防北風侵害，與內社的種植方式一樣；並將蕪菁犁進土中當肥料。下午4點抵中壢（Tieng Liek），「下了整天雨，客棧不再是嫌棄的對象」。

2月28日，行程的第十四天，上午7點出發，豪雨已停，柯樂搭轎2天，腳大概不痛了，加上靜極思動，起初自己用走的。不過，「地面很滑，尤其走在稻田田埂上，實在不舒服，」不用說，事實上他也沒說，又鑽進轎內了。趁著雨停，一夥拼命趕路，下午4點來到淡水河西岸，「很高興看到隔岸大稻埕（Toa Tu Tia, 台北市迪化街一帶）白屋、綠廊的洋行建築，搭乘渡船過河，馬上找到舊識及下榻處。經過13天有話無法說、有苦無處訴的啞巴生涯，終於又有對象一齊聊天、打屁！」大稻埕當時有五家洋行，據達飛聲（James Davidson）云，係指經營茶葉出口的寶順（Dodd & Co.）、德記（Tait & Co.）、水陸（Brown & Co.）、和記（Boyd & Co.）及怡記（Elles & Co.）等五家；另有人以怡和洋行（Jardine, Matheson & Co.）代替怡記洋行。柯樂未提究竟住在哪一家。據第二文，馬偕在隔日（3月1日），到他下榻的地方（大稻埕）與他簡短的會晤，並共進早餐。不過當天前後的《馬偕日記英文版》並未提及。

他簡單地介紹北台幾個大城，「大稻埕是洋行購買北台灣茶葉的所在；漢人商城艋舺（Banka）在同條河岸1、2哩上游處；滬尾（Ho Bay）位於淡水出海口，那裡有英國領事館及大清海關。大稻埕與滬尾之間，有一家公司（按得忌利士洋行－Douglas Lapraik & Co.）經營的定期客貨汽船往來，單程一趟約需1至2小時。大稻埕與滬尾中間，不遠處山上有溫泉，硫磺煙霧、水氣由地表噴出，非常壯觀，值得一遊。由水路或步行到基隆都相當有趣，當地產煤，清國當局明智的決定採用歐洲先進方法挖煤，正在購買適當的機器」。從這段話得知，他顯然去了那些地方，因此應該待到3月上旬才離開台灣返廈門。

才作完這個旅行，他就發下宏願，「從我走過的地方，我確信台灣不只基隆地區產煤，應該還有多處未被發掘；至於是否有其他礦產，就不那麼確定了。假如還有機會來台，我一定會僱一位山區土著，從埔社穿越山脈到立霧溪（Chok-e-Day,『擢其利』或『得其黎』）河口，也許可以發現更多的植物與礦產」。

## 三訪台灣

隔年（1876）他再度造訪台灣，根據《馬偕日記英文版》（p. 204）1876年10月20日在苗栗新港社(Sin-kang)的記載，「柯樂、甘為霖、巴克禮離開這裡」（Corner, Campbell & Barclay left）。馬偕是在10月18日從大龍峒南下中壢，19日宿竹塹（新竹市），20日抵新港。因此，四人可能結伴南行至新港社後分手，然後柯樂與甘為霖、巴克禮牧師繼續南行。柯樂在1876年11月26日寫給皇家地理學會的信中云：「自從我將上面的文章寄給貴會後，我又到過台灣，這次改從北邊路線再訪龍湖與埔社。本想從東岸南下，然後從立霧溪谷橫越中央山脈至埔社；發現不可行，只得萬分遺憾地放棄這項計劃」。他認為像台灣這麼狹小的島嶼，土著居住在只3、40哩寬的山區地帶，而居然如此難於通行，實在不可思議，主要癥結為族群、部落間相互猜忌使然。譬如，「即便你與埔社附近山區部落交好，獲得導引至他們勢力範圍的邊緣，但下一個部落往往視你為敵，不與你往來。加上語言複雜，漢人或平埔嚮導無法通曉各族不同的方言：通常都是透過（他們娶的）『番婦』居間溝通。事實上，也找不到任何人，願意深入山區當嚮導」。

他介紹大甲溪畔的東勢角（Tau si Kak, 台中市東勢區）及北方4小時路程的大南勢（Talan, 依路程、族群判斷應是苗栗縣大湖鄉大南村），兩處皆是平地人與山區原住民交換物資所在地，他云，「住於大南勢的部落（泰雅族澤敖列群莫里拉系統大湖群）帶給附近居民很大的麻煩；同一條溪（後龍溪上游大湖溪）、往上游約2小時路程，位於洗水山（Sai-sui）的『力番』（Lek-hoan, 澤敖列群馬巴諾系統汶水群，住八卦力山南方，可能因此而被稱為『力番』）更凶殘。這些族群的確長得很英俊，但很矮，手、足特大，門齒兩側上前齒已拔掉，通常攜帶鐵刀、火繩槍（matchlock），穿著前無衣扣的苧麻質料胴衣，以及斗篷（披衣），下體私處只包上刺繡滾邊的窄布條（丁字帶），很不雅觀」。披衣為冬天服飾，10月底在山區活動，的確需要厚重的衣服。而他說汶水群很矮是有根據的，1936-49年間，金關丈夫從事的研究發現，該社群錦水社平均身高才157.6公分，比同期取樣的賽德克霧社（158.7）、泰雅角板社（158.7）來得矮。

他1876年這趟從北台南下，沿上述地區，到大社，再採取與上次不同的路線赴埔社，「足足花了2天不斷地在森林裡穿梭，中間的晚上，渡過一條寬闊、湍急的河後（烏溪上游之一貓羅溪），下榻於草鞋墩。此次帶了六分儀，測得埔社位於北緯23度46分、東經121度3分（按埔里正確經緯度：23°58’－121°58’）；龍湖位於北緯23度32分、東經120度53分（正確為23°52’－120°55’）。此行另外的收穫是，畫了埔社、湖區幾張素描，以及山區斷面圖，我會以郵件另寄給你（編輯）。從埔社平原東望，有很高的山脈橫亙，登上高山，即可看到東邊的海，距離大約在27英里左右」。

1876年的這趟旅行，可能是他最後一次來台，也可能不是，此後似乎未再發表其他涉及台灣的文章。

# 附錄一　史蒂瑞走訪台灣行程表

考據、整理：陳政三

1873年

| | |
|---|---|
| 10月2日 | 晚間搭海龍號（Hailoong）離開廈門 |
| 10月3日 | 傍晚抵淡水 |
| 10月4日 | 續搭海龍號南下 |
| 10月5日 | 傍晚抵打狗 |
| 10月12日 | 由打狗搭交通船赴台灣府，當天抵達 |
| 10月14日 | 與甘為霖、布勒克同行，由府城出發北行，夜宿火燒店（台南市柳營區人和里） |
| 10月15日 | 北行，夜宿嘉義城旁小村 |
| 10月16日 | 先北行、再轉東北向，夜宿山麓野村軍營（可能是林圯埔，今南投竹山） |
| 10月17日 | 上午沿（濁水溪）溪谷東行，下午轉北攀山，夜宿邊境小鎮（可能是集集） |
| 10月18日 | 東行，中午抵日月潭，下午訪水社。甘為霖赴埔社；史蒂瑞、布勒克續留，投宿漢人地主住處 |
| 10月23日 | 上午離水社，下午抵埔里烏牛欄社（愛蘭），停留期間住於教堂 |
| 11月6日 | 上午由烏牛欄社出發，沿眉溪東行，夜宿溪畔賽德克族霧社群小村 |
| 11月7日 | 先順眉溪東行，轉東北向南山溪，午後攀山抵東眼社（眉溪社），夜宿該社空屋 |

11月8日　上午離東眼社，沿來時路反向返埔里，晚間返抵烏牛欄社
11月11日　上午離開烏牛欄社，順烏溪溪谷西行，夜宿山區無主茅屋
11月12日　上午續沿溪谷西行，至彰化城東方轉北行，（可能）夜宿霧峰林家
11月13日　近中午抵台中市神岡區大社，夜宿教堂
11月15日　布勒克（可能於這日）先行回南部，史蒂瑞與甘為霖訪新社鄉大南客家庄，當天往返
11月18日　史蒂瑞、甘為霖2人離大社，赴東北方的內社（苗栗縣三義鄉鯉魚村），夜宿教堂
11月20日　上午甘為霖南下。史蒂瑞北上，行程：內社－三義、苗栗間的紅土台地－後龍－中港，夜宿中港小客棧
11月21日　中港－竹塹城外－夜宿小山村（可能是楊梅）
11月22日　楊梅－中壢－桃仔園（桃園）－龜崙嶺（龜山）－海山口（新莊）－淡水，夜宿馬偕住處
11月23日　淡水－五股坑（五股）－和尚洲（蘆洲）－淡水
11月29日　晚間搭煤船順淡水河轉基隆河
12月3日　溯基隆河而上，下午抵暖暖下船，越獅球嶺抵基隆，夜宿海關宿舍
12月6日　離基隆返淡水，仍宿馬偕住處
（12/6-12/15行程不詳；根據《馬偕日記》，馬偕12/5在洲裡（蘆洲）、12/6～12/12停留南港三重埔庄（南港舊火車站一帶），12/13返淡水，12/16記載「史蒂瑞來訪」）
12月16日　再返淡水，訪問馬偕
12月17日　史蒂瑞教導牛津學堂學生貝類學
12月17-19日　整理貝類
12月23日　教導學生貝類學
12月24日　購買貝類，檢視、研究
12月24日　晚上與馬偕參加德約翰的聖誕晚宴

12月27日　馬偕南下五股坑，轉往獅潭處理傳道師許銳被馘首事件，日記記載：「昨半夜得知銳在山中遇害的消息，立即前往五股坑，史 蒂瑞向我道別」。

12月30日　搭船離淡水赴打狗

12月31日　抵達打狗

## 1874年

1月3日　與李庥牧師由打狗步行北上府城，夜宿舊城（左營埤子頭）教堂

1月4日　抵府城，宿台南教會

1月上旬　（可能於8、9兩日）赴崗仔林（台南市左鎮區岡林里），停留2天夜宿教堂

1月13日　凌晨2時搭費利號（Fairlee）由府城航向澎湖，風大無法靠岸返航

1月14日　上午漂流到打狗港外，航返府城安平港

1月15日　再航澎湖，下午抵澎湖西嶼，租民屋

1月18日　由西嶼赴馬公，租民屋

1月28日　深夜搭船離開馬公

1月29日　午後3時許抵安平港

2月期間　在打狗附近活動

3月16日　下午與布勒克、巴德由打狗出發，夜宿埤頭（鳳山市）教堂

3月17日　續南行，渡下淡水溪（高屏溪），抵萬金庄（屏東縣萬巒鄉萬金村），夜宿天主教堂

3月20日　赴萬金庄北方3、4哩，萬安溪畔，觀看平埔族與排灣族的市集，布勒克先返打狗，史蒂瑞、巴德深入伊達布魯溪右岸的排灣射鹿部落，夜宿該社。

3月21日　訪問北方不遠的高燕社（巴達煙社），晚間返抵萬金庄

3月23日　離開萬金庄，返抵打狗

3月31日　搭海龍號離開打狗赴廈門

# 附錄二 1870年代縱走老台灣探險家素描[1]

| 探險者 | 史蒂瑞 | 甘為霖 | 布勒克 | 柯樂 | 阿赫伯 |
|---|---|---|---|---|---|
| 國籍 | 美 | 英 | 英 | 英 | 英 |
| 探險期間 | 1873.10-1874.3 | 1873.5&1873.10-11 | 1873.10-1873.11 | 1874&1875.2&1876.11（3次） | 1875.11 |
| 身分 | 博物學家 | 英長老教會牧師 | 英國駐打狗外交官 | 廈門商人 | 英國駐淡水外交官 |
| 在台期間 | 1873.10.3-1874.3.31 | 1871.12.10-1917.2 | 1870年代 | 同上 | 1873-1875.11 |
| 地點 | 台灣西岸各地、埔里山區、日月潭、澎湖 | 埔里山區、日月潭、巴宰大社及內社（他足跡遍及全台）[2] | 台南→大社日月潭、埔里山區、大社 | 屏東三地鄉、台南縣東山鄉；台南→台北、日月潭、埔里山區、大社及內社、東勢、大湖[3] | 台北→台南，途經西岸各地、埔里、日月潭 |
| 目的 | 博物、族群研究及採集 | 傳教 | 探險、打獵、原住民語言採集 | 「養病」之旅，兼測量 | 離台前的旅行 |
| 同行外籍人士 | 甘為霖、布勒克[4] | 第一次單獨前往；第二次有史蒂瑞、布勒克同行 | 甘為霖、史蒂瑞 | 無 | 李庥、馬偕 |
| 同行本地人 | 漢僕、嚮導、轎夫、苦力 | 漢僕、嚮導、轎夫、苦力 | 漢僕、嚮導、轎夫、苦力 | 苦力兼嚮導、轎夫 | 馬偕學生、轎夫 |
| 是否提到博物 | ※[5] | ※ | ※ | ※ | ※ |
| 特殊博物或文物發現 | 藪鳥、29件新港文書、人骨頭架；58種蕨類、80種蛇類、無數海貝；新品種高雄球蝸牛、黑線小鼈甲蝸牛、廣葉星蕨 | 馘首袋及腦髓製品、人骨頭架、植物樣本 | 人骨頭架 | 黃絨蘭、立奇蘭2新品種；新港教堂牆壁畫著太陽系行星圖、世界地圖 | 荷蘭時代銀質火柴盒；埔里大湳教堂為二層建物 |

| 接觸對象 | 漢人、原住民（邵族、泰雅、巴宰、西拉雅、排灣） | 漢人、道卡斯（新港社）、巴宰、泰雅、邵族 | 漢人巴宰、邵族、泰雅 | 漢人、魯凱、西拉雅、邵族、泰雅、巴宰、道卡斯 | 漢人、道卡斯、巴宰、泰雅、邵族 |
|---|---|---|---|---|---|
| 溝通方式 | 甘牧師、漢僕、嚮導 | 會説泰雅語的平埔嚮導（甘牧師會説閩南語） | 甘牧師、隨行漢人 | 新港社出身的陪同人員；隨身攜帶廈門音字典 | 懂客家話、閩南語的李庥及馬偕學生 |
| 對接觸對象觀感 | 對漢人不佳；對原住民印象良好 | 一視同仁，都是上帝的子民 | 未顯示喜惡 | 認為邵族懶惰、巴宰長得醜 | 對邵族印象不佳 |
| 旅行地理環境 | 平地、山區、離島、海洋 | 西岸平地、中部山區 | 平地、中部山區 | 平地、中部及苗栗山區 | 西岸平地、中部山區 |
| 隨身武器 | 左輪手槍、可能還有來福槍 | 胡桃木杖 | 槍 | 左輪手槍、美式獵刀 | 不詳（應有攜槍） |
| 途中遇險 | 差點喪命 | 差點喪命 | 差點喪命 | 有驚無險 | 無 |
| 食 | 罐頭、各地「美食」 | 罐頭、各地「美食」 | 罐頭、各地「美食」 | 各地「美食」；應有攜帶罐頭 | 各地「美食」；應有帶罐頭 |
| 住 | 客棧、教堂 | 客棧、教堂 | 客棧、教堂 | 客棧、教堂 | 客棧、教堂 |
| 行 | 步行、搭轎、坐船 | 步行、搭轎 | 步行、搭轎 | 平地搭轎，山區步行 | 步行、搭轎 |
| 紀錄 | 各地博物、原住民語言 | 傳教、原漢風俗、「食人」文化 | 原住民語言 | 測量各地經緯度、海拔 | 以Balua稱新港社人；邵族「橫過鼻樑」的刺青 |
| 事後發表文章 | ※（多篇，含整套筆記2002年才在台灣出版） | ※（多篇，出版書籍） | ※（3篇；曾用“Old Cathay”筆名） | ※（3篇） | ※（1篇） |
| 對台灣觀感 | 佳 | 極好 | 佳 | 佳 | 佳；説「很遺憾」離開台灣 |

**1** 只包含本書介紹的探險家留下的記載。

**2** 本表所列，以1873年甘牧師2次走訪中部泰雅族及賽德克族為限。

**3** 包括柯樂3次來台。

**4** 只在台南－中部大社、內社階段。

**5** ※表示「有」的意思，其他同。

▲ 盛裝的西拉雅平埔婦女（John Thomson）

# 參考書目

## 中文書目

古野清人著；葉婉奇譯，《台灣原住民的祭儀生活》。台北：原民文化，2000。

包樂詩（即包樂史），〈明末澎湖史事探討〉，《臺灣文獻》24：3。台中：省文獻會，1973。

安倍明義，《台灣地名研究》。台北：武陵，1998。

伊能嘉矩著；楊南郡譯註，《台灣踏查日記》。台北：遠流，1996。

伊能嘉矩著；溫吉編譯，《臺灣番政志》。南投：省文獻會，1957。

余光弘，《清代的班兵與移民：澎湖的個案研究》。台北：稻鄉，1998。

李壬癸，《台灣南島民族的族群與遷徙》。台北：常民文化，1997。

《台灣平埔族的歷史與互動》。常民文化，1997。

《臺灣原住民史：語言篇》。南投：省文獻會，1999。

李亦園，《臺灣土著民族的社會與文化》。台北：聯經，1982。

阮昌銳、李子寧、吳佰祿、馬騰嶽，《文面・馘首・泰雅文化》。台北：國立臺灣博物館，1999。

杜福安，《美麗大地的子民—漫畫台灣歷史2》。台北：玉山社，2002。

東年，〈海洋臺灣與海洋文學〉，《聯合文學》，1997。

《再會福爾摩莎》。台北：聯經，1998。

林豪，《澎湖廳志》，光緒十九年（1893）。台北：宗青，1995，臺銀臺灣文叢第164種。

胡建偉，《澎湖紀略》，乾隆三十二年（1767）。台北：宗青，1995，臺銀臺灣文叢第109種。

洪敏麟，《臺灣舊地名之沿革》一冊。台中市：省文獻會，1980。

《臺灣舊地名之沿革》二冊（上）。台中市：省文獻會，1983。
《臺灣舊地名之沿革》二冊（下）。台中市：省文獻會，1984。
《重修臺灣省通志・卷三・住民志地名沿革篇》。南投：省文獻會，1995。
故宮博物院明清檔案部、福建師範大學歷史系合編，《清季中外使領年表》。北京：中華書局，1985。
宮本延人著；魏桂邦譯，《台灣的原住民族》。台中：晨星，1992。
翁佳音，《異論台灣史》。台北：稻香，2001。
《荷蘭時代台灣史的連續性問題》。台北：稻香，2008。
陳千武譯述，《台灣原住民的母語傳說》。台北：臺原，1991。
陳正祥，《臺灣地名辭典》。台北：南天，2001。
陳政三，「美國博物學家史蒂瑞的台灣探險行」專輯6篇。台北：《歷史月刊》200期，2004年9月號。
〈意外之旅〉、〈中部內山行—埔里、日月潭見聞錄〉、〈眉溪歷險行〉、〈平埔村的新港文書—崗仔林紀行〉、〈約會在筏灣—射鹿、高燕探險行〉、〈史蒂瑞走訪台灣行程表〉。
「史蒂瑞的臺灣探險行」3篇。台北：《臺灣博物季刊》。
〈史蒂瑞的臺灣探險行（一）：日薄西山巴宰族-大社、內社紀行〉。台北：《臺灣博物季刊》85/ 24：1。台北：國立臺灣博物館，2005年3月。
〈史蒂瑞的臺灣探險行（二）：北台行腳〉。台北：《臺灣博物季刊》86/ 24：2，2005年6月。
〈史蒂瑞的臺灣探險行（三）：澎湖踏浪行〉。台北：《臺灣博物季刊》87/ 24：3，2005年9月。
「1870年代的台灣之旅」專輯5篇。台北：《歷史月刊》223期，2006年8月號。
〈1870年代的台灣之旅〉、〈英商柯樂養病之旅—台灣南北走一回〉、〈甘為霖二訪泰雅族：眉原・眉溪社探險行〉、〈布洛克台灣中部內山行〉、〈豪士闖台灣（之一）—遇見平埔族〉。
〈英國外交官亞倫的畢業旅行〉。台北：《歷史月刊》205期，2005年2月號。
Joseph Steere原著，〈十九世紀原住民部落樣貌〉。台北：《歷史月刊》203期，2004年12月號。

陳政三譯註／著作，《泡茶走西仔反：清法戰爭台灣外記》。台北：台灣書房，2007。

陳政三，《出磺坑鑽油日記》。台北：歷史智庫出版社，2005。

《翱翔福爾摩沙—英國外交官郇和晚清臺灣紀行》。台北：台灣書房，2008。

《美國油匠在台灣》。台北：台灣書房，2012。

陳政三、魏吟冰，《異人的足跡：轉角的風華—陶德》。台北：國史館發行；台北：大康出版，2008。

許木柱、鄧相揚，《臺灣原住民史：邵族史篇》。南投：省文獻會，2000。

許雪姬，〈臺灣的馬兵〉。台北：《臺灣風物》，32：2，1982。

《清代臺灣的綠營》。台北：中研院近代史研究所，1987。

《滿大人的最後的二十年》。台北：自立晚報，1993。

《北京的辮子—清代台灣的官僚體系》。自立晚報，1993。

許雪姬、薛化元、張淑雅等人，《臺灣歷史辭典》。台北：文建會，2004。

《臺灣歷史辭典附錄》。文建會，2004。

國立台灣師大地理系，《臺灣地名辭書・卷廿一：臺南市》。省文獻會，1999。

《臺灣地名辭書・卷四：屏東縣》。省文獻會，2001。

《臺灣地名辭書 卷四：屏東縣》。南投：省文獻會，2001。

曹銘宗，《台灣地名謎猜》。台北：聯經，1996。

鳥居龍藏著；楊南郡譯註，《探險台灣》。台北：遠流，1996。

森丑之助著；楊南郡譯註，《生蕃行腳》。台北：遠流，2000。

潘大和《平埔巴宰族滄桑史》。台北：南天，1998。

澎湖縣立文化中心編，《澎湖開拓史學術研討會實錄》。澎湖：編者，1989。

Imbault-Huart, C.著；黎烈文譯，《臺灣島之歷史與地誌》（*L'ile Formose, Histoire et Description*, 1893）。台北：臺灣銀行，1958，臺灣研究叢刊第56種。

Le Gendre, CharlesW.（李仙得）著；佚名譯，《臺灣番事物產與商務》。台北：台灣銀行，1960，台灣文叢第46種。

Le Gendre, CharlesW. 著；周學普譯，〈臺灣〉，《臺灣經濟史九集》。台北：台灣銀行，1963，台灣研究叢刊第76種。

## 英文書目

Balmer, Judith, *Thomson's China: Travels and Adventures of a Nineteenth Century Photographer*. Hong Kong: Oxford University Press, 1993.

Bax, Bonham W., *The Eastern Seas*. London: John Murray, 1875.

Blakeney, William, *On the Coasts of Cathay and Cipango Forty Years Ago*. London: Elliot Stock, 1902.

Campbell, William, *Formosa Under the Dutch*. London: Kegan Paul, 1903.

*Sketches From Formosa*. London, Edinburgh & N.Y., 1915; Taipei: SMC（南天）reprint,1996.

"The Island of Formosa: Its Past and Future," *The Scottish Geographical Magazine*, Aug. 1896.

Carrington, George W., *Foreigners in Formosa, 1841~1874*. San Francisco: Chinese Material Center, 1978.

Clark, J. D., compiled *Formosa*. Shanghai: Shanghai Mercury, 1896; Taipei: Ch'eng Wen（成文）reprint, 1971.

Colquhoun, Archibald R., "The Physical Geography and Trade of Formosa," in: *The Journal of the Manchester Geographical Society*, Vol. Ⅲ, Nos. Ⅶ-ⅩⅡ, 1887.

*The Mastery of the Pacific*. London: Heinemann, 1902.

Davidson, James, *The Island of Formosa, Past and Present*. London, N.Y. & Yokohama: Macmillan & Co., 1903.

Dodd, John, "A Glimpse at the Manners and Customs of the Hill Tribes of North Formosa," *Journal of the Straits Branch of the Royal Asiatic Society*, Vol. 15: pp. 69-78, 1885.

*Journal of A Blockaded Resident in North Formosa, During the Franco-Chinese War, 1884~5*. H. K.: Hongkong Daily Press, 1888.

Faure, David, "The Mountain Tribes Before the Japanese Occupation," *In Search of the Hunters and Their Tribes*.Taipei: 順益博物館, 2001.

Fischer, Adolf, *Streifzüge durch Formosa*. Berlin: B. Behr, 1900.

Fix, Douglas L., edited, http://academic.reed.edu/formosa/texts/texts.htm網站。

Fix, D. L. & J. Shufelt, edited *Charles W. Le Gendre. Notes of Travel in Formosa*. Tainan: National Museum of Taiwan History, 2012.

Harrison, H., edited, *Natives of Formosa, British Reports of the Taiwan Indigenous People*, 1650-1950. Taipei: 順益台灣原住民博物館，2001.

Hawks, Francis L., compiled, *Narrative of the Expedition of an American Squadron to the China Seas and Japan, performed in the years 1852, 1853, and 1854, under the Command of Commodore M. C. Perry, United States Navy, by order of the Government of the United States*. Washington D. C.: Benerley Tucker, 3 Vols., 1856；N. Y.: D. Appleton & Co., 2 Vols. , 1856.

House, Edward, *The Japanese Expedition to Formosa*（《征臺紀事》）. Tokio: 1875.

Huang, Lin, and Kaim Ang（黃富三、林滿紅、翁佳音）, edited, *Maritime Customs Annual Returns and Reports of Taiwan, 1867-1895*, 2Volumes;《清末臺灣海關歷年資料(1)、(2)》. Taipei: Institute of Taiwan History, Academia Sinica（中研院台史所），1997.

Ino, Kanori（伊能嘉矩）《台灣蕃政志》，總督府民政部植產局，1904；Taipei: 南天書局（SMC），1997.

Ishii, Shinji, "The Island of Formosa and Its Primitive Inhabitants," *The China & The Japan Society*, 1916.

Lamley, Harry "Formosa Under Japanese Rule," in *Free China Review*. Taipei: March 1992.

"Frontier days in Formosa," in Free *China Review*. Taipei: June 1992.

"From Far Canada to Set up the First Tamsui Churches," in *Free China Review*. Taipei: May 1993.

Le Gendre, CharlesW., *Reports on Amoy and the Island of Formosa*. Washington: Government Printing Office, 1871.

MacGovern, Janet, *Among the head hunters of Formosa*. London: Adelphi Terrace, 1922; Taipei reprint, SMC（南天）, 1997.

MacKay, George L., *From Far Formosa*. Edinburgh & London: Oliphant, Anderson & Ferrier, 1896; Taipei reprint, SMC（南天）, 2002.

MacKay, George L., *Mackay's Diaries: Original English Version*; 《馬偕日記英文版: 1871-1901年》。Taipei: The Relic Committee of the Northern Synod of the Taiwan Prebesbyterian Church & Alrthia University, 2007.

Maxwell, William, "Tai-Wan-Foo," Hong Kong: *Hongkong Journal*, c. 1865.

Moody, Campbell N., *The Heathen Heart*. Edinburgh & London: Oliphant, Anderson & Ferrier, 1907; Taipei reprint, Ch'eng Wen（成文）, 1973.

*The Saints of Formosa*. Edinburgh & London: Oliphant, Anderson & Ferrier, 1912; Taipei reprint, Ch'eng Wen, 1971.

Otness, Harold, *One Thousand Westerners in Taiwan, to 1945*; *A Biographical and Bibliographical Dictionary*. Taipei: Institute of Taiwan History, Academia Sinica, 1999.

Pickering, William, *Pioneering in Formosa*. London: Hurst & Blackett, 1898; Taipei reprint, SMC（南天）, 1993.

Steere, Joseph B. 著; 李壬癸編, *Formosa and Its Inhabitants*. Taipei: Institute of Taiwan History, Academia Sinica, 2002.

Thomson, John, "Notes of a Journey in Southern Formosa," in *The Proceedings of the Royal Geographical Society*, Vol. 17, 1873.

"The Aboriginal Dialects of Formosa," in *The Proceedings of the Royal Geographical Society*, Vol. 18, 1874.

White, Stephen, *John Thomson: A Window to the Orient*.

台灣總督府理蕃局，*Report on the Control of the Aborigines in Formosa*. Taipei: 1911.

森丑之助，《台灣蕃族志》第一卷，1917；台北：南天（SMC），1996。

張秀蓉（Chang Hsiu-jung）編，*A Chronology of 19th Century Writings on Formosa*. 台北：財團法人曹永和文教基金會出版，南天書局經銷。

註：本書僅註明出處的圖片，係由筆者翻拍。

# 索　引

## 人名

## 地名

## 洋行

## 船舶



## 原住民族

## 其他

國家圖書館出版品預行編目資料

紅毛探親記：1870年代福爾摩沙縱走探險行／陳
政三著. -- 二版. -- 臺北市：五南圖書出版股份
有限公司, 2022.07
面； 公分.
ISBN 978626-317-856-4（平裝）

1.CST: 臺灣史 2.CST: 清領時期

733.27 111007450

台灣書房 06

8V45 紅毛探親記——
1870年代福爾摩沙縱走探險行

作　　者　陳政三（246.4）
總 編 輯　王翠華
副總編輯　蘇美嬌
責任編輯　邱紫綾
封面設計　童安安

發 行 人　楊榮川
出 版 者　五南圖書出版股份有限公司
地　　址　台北市和平東路２段３３９號４樓
電　　話　０２－２７０５５０６６
傳　　真　０２－２７０５６１００
郵政劃撥　０１０６８９５３
網　　址　https://www.wunan.com.tw
電子郵件　wunan@wunan.com.tw
劃撥帳號　01068953
戶　　名　五南圖書出版股份有限公司

顧　　問　林勝安律師事務所　林勝安律師

出版日期　2013年7月 初版一刷
　　　　　2022年7月 二版一刷
定　　價　新台幣320元整

# 經典永恆·名著常在

## 五十週年的獻禮——經典名著文庫

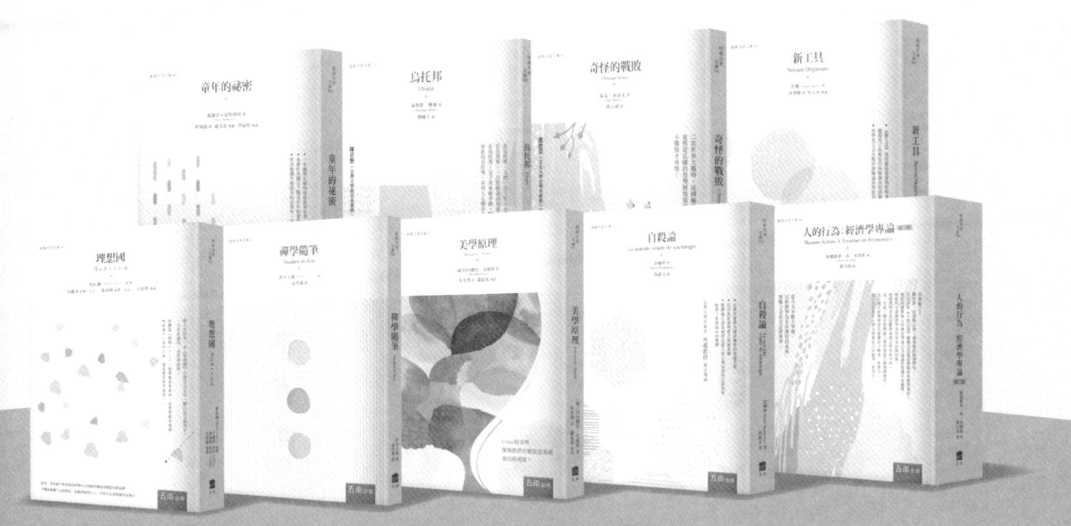

五南，五十年了，半個世紀，人生旅程的一大半，走過來了。
思索著，邁向百年的未來歷程，能為知識界、文化學術界作些什麼？
在速食文化的生態下，有什麼值得讓人雋永品味的？

歷代經典・當今名著，經過時間的洗禮，千錘百鍊，流傳至今，光芒耀人；
不僅使我們能領悟前人的智慧，同時也增深加廣我們思考的深度與視野。
我們決心投入巨資，有計畫的系統梳選，成立「經典名著文庫」，
希望收入古今中外思想性的、充滿睿智與獨見的經典、名著。
這是一項理想性的、永續性的巨大出版工程。
不在意讀者的眾寡，只考慮它的學術價值，力求完整展現先哲思想的軌跡；
為知識界開啟一片智慧之窗，營造一座百花綻放的世界文明公園，
任君遨遊、取菁吸蜜、嘉惠學子！